「覚えられる」

が習慣になる!

記憶力ドリル

早稲田大学教授
枝川義邦
Yoshikuni Edagawa

SOGO HOREI PUBLISHING CO., LTD

はじめに

時間が経っても忘れない「脳」のつくり方とは？

この本を手に取られたみなさんは、もしかして、次のような経験をお持ちではないでしょうか。

「大事なことだからメモしたのに、メモを取ったことすら忘れてしまった」

「資格の勉強をしないといけないのに、前みたいに内容が頭に入ってこない」

「せっかく本を読んでも、時間が経つと忘れてしまう」

このようなことが続くと、「せめて以前の記憶力を取り戻したい！」とか、もっと積極的に「記憶力をアップさせたい！」と、前向きに考えたりする人もいることでしょう。

そんな人は、まず次の問題を試してみてください。問題は2問あり、覚える時間はそれぞれ30秒です。並んでいる順番にも気をつけて覚えましょう。

▼問題①

5

8

▼問題②

100

7

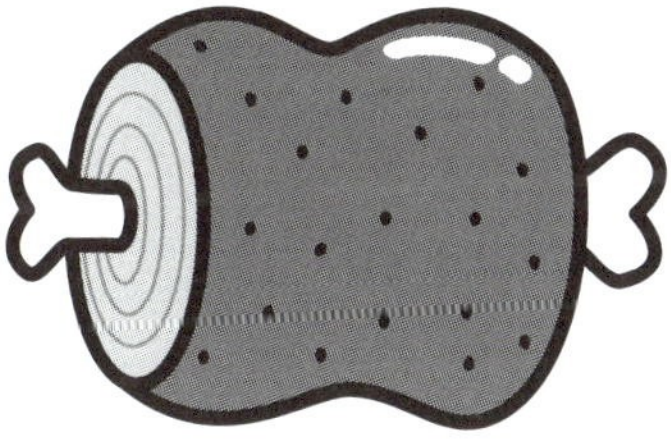

いかがでしたか。

1問目は全問覚えられた！　という人も結構いるのではないかと思います。

一方、2問目は難しく感じられたかもしれません。

脳はあなたが興味があることを優先して覚える

すいすい覚えられたという人もいれば、あまり覚えられなかったという人もいるのはどうしてでしょうか。これは、単に記憶力の差が原因というわけではありません。人間の脳の性質によるところが大きいのです。

私たちの脳には、興味があること、必要なことを優先して覚えていくという性質があります。そうでないものは後回しになって、記憶できずに脳から消えていってしまうこともあるのです。

これは、**脳が覚えやすいことと覚えにくいことを振り分けるしくみを持っているから**です。

このしくみは誰でも持っているものですが、**脳を鍛えることで、うまくコントロール**

することもできるようになっていきます。これで、ほいほい記憶ができるようになっていくのです。

そこでこの本には、〝脳を鍛えて記憶力をアップさせる〟ための問題を厳選して掲載しました。問題を解きながら楽しく記憶力アップできるのはもちろん、脳の中でどのようなことが起きているかなどの解説もしていますので、記憶のしくみから理解してもらえる構成になっています。

この本を読めば、記憶力がアップできる！

記憶力がアップしてくると、次のような効果が期待できます。

- **資格試験などの勉強をするときにすんなり覚えられるので、すいすい合格できるようになる**
- **覚えた内容を忘れないので、メモ書きや資料を探す手間が省ける**

●読んだ本の内容や観た映画のストーリーを正確に覚えられるので、仲間に面白さを伝えられて、コミュニケーションがうまくいくようになる
●他人の名前を間違わずに覚えられるので、「どうして私の名前を覚えられたの!?」と喜ばれて、その後の会話もスムーズに進むようになる

少し大げさなようですが、記憶とは「その人となりを作るもの」といわれます。その人がどのような経験を積んできたのかは、記憶としてすべて脳の中に刻まれているのです。私たちにとって大切な記憶力を鍛えていくことで、みなさんの望みも叶うかもしれません。

それでは、さっそくページをめくっていってください。

記憶力アップの第一歩を踏み出しましょう。

枝川　義邦

第1章 人はなぜ忘れてしまうのか？ 記憶のしくみ

第4章 ピープ連想トレーニング

第5章 イラスト×計算トレーニング

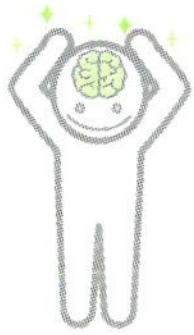

第6章 地図記憶トレーニング

第7章 記憶を定着させる習慣

第8章 これだけは知っておきたい記憶術

装丁／萩原弦一郎、藤塚尚子（ISSHIKI）
本文デザイン／土屋和泉
イラスト／第5章・第6章：村山宇希（ぽるか）
図表・DTP／横内俊彦

写真／mu_mu_/iStock.com（北海道）
Nonchanon / Shutterstock.com（名古屋）
Luciano Mortula / Shutterstock.com（大阪）
Tristan Scholze / Shutterstock.com（福岡）
Patrick Foto/ Shutterstock.com（京都）

第1章

人はなぜ忘れてしまうのか？記憶のしくみ

1-1 子どもの頃を思い出すと記憶力がアップする？

「楽しむこと」が記憶力アップのための最大のクスリ

みなさんの中に、子どもの頃にはいろいろなことをすぐに覚えられたのに、最近は記憶するのが苦手だな、と感じている人はいませんか？

子どもは〝記憶の天才〟だとよく耳にします。見たり聞いたりしたものをそのまま覚えられるのは、子どもの頃には当然のことだったわけですが、大人になってみるとなかなか難しいものです。「子どもはいいなあ」と羨ましくも思えて、自分が歳をとってきたことを嘆いたりする場面もあるかもしれません。

たしかに、学校で習う「かけ算（九九）」やゲームやアニメのキャラクターなど、「よくもまあ、あんなに覚えられたな」と思えるほどたくさんのことが頭に詰まっていました。

「子どもの頃の記憶力を取り戻したい！」

「何か記憶が良くなる薬でもあればいいのに！」

そう思ったことがある人もいるのではないでしょうか。


実は、子どもの頃にたくさんのことを「そのまま」覚えることができるのには理由があります。

そもそも脳で作られる記憶にはいくつかの種類があって、その中には、トランプの神経衰弱ゲームのように、単なる数字やマークの羅列など、子どもの脳だからこそ覚えやすいタイプの記憶があります。

このタイプの記憶は、大人になると覚えるのがなかなか大変になるものです。たしかにこの点は子どもに軍配が上がります。そのため大人は、記憶するのが得意な子どもと比べて「記憶力全般がおとろえた！」となりがちですが、これは**脳の性質が変わることが原因なので、さほど嘆くことでもありません**。

もうひとつ、「子どもは楽しんで覚えている」ということがあります。これは、記憶するときの「秘訣」ともいえるものです。子どもは、ひとたび興味をもったものには、ものすごい集中力と記憶力で、その内容を一気に脳に刻んでいくものです。

大人になったみなさんでも、興味を持ったものはすぐに覚えられたという経験があると思います。

「好きこそものの上手なれ」ということわざが伝えるように、**好きなものは興味を持って接するので、すぐ上手になって、記憶にも残りやすいものです**。子どもの頃は、興味があれば一日中そのことばかりを考えて、その情報に接していることも助けになって、どんどん記憶していきます。

このような**子どもの頃の状態を取り戻せば、大人になった今からでも、記憶力をアップさせることができる**でしょう。

楽しい気持ちを作る〝ドーパミン〟の増やし方

ところで、楽しんでいる人の脳の中ではどのような変化が起きているのでしょうか。

「楽しい」という気持ちは、同時に生じるいくつもの変化が合わさることで生じます。中でも、〝ドーパミン〟と呼ばれる物質が増えていることが「楽しい」気持ちになることに関係が深いと考えられています。

そして脳でドーパミンが増えると、「楽しい」という気持ちだけでなく、記憶力もアップすることが知られています。

となると、**脳でドーパミンが増えるようにするのが、「楽しんで記憶する秘訣」**

といえるでしょう。

それでは、どのようにしてドーパミンを増やせば良いのでしょうか。

それには、脳のしくみをうまく使っていくことが大切です。

ドーパミンは、脳の中にある「報酬系」と呼ばれる神経ネットワークで作られて放出されています。報酬系とは、報酬によって欲求が満たされることが期待されるときなどに活性化し、快い感覚をもたらす神経系統のことです。この報酬系の神経ネットワークが活発に働けば、脳内で働くドーパミンの量も多くなるという図式です。

この報酬系の神経ネットワークは、「ご褒美」との関係が深いものです。ご褒美は「報酬」ともいいますから、そのものズバリなネーミングです。**何か「ご褒美」が手に入ると期待できる状況では、脳でも報酬系の神経ネットワークが盛んに活動している**のです。

ご褒美は脳を働かせる〝スイッチ〟

それでは、みなさんにとっての「ご褒美」とは何でしょうか？

ある人に聞くと、「美味しいスイーツをめいっぱい食べること」とか、他の人では「仕事でほめられること」とか、ご褒美に感じるものごとは人によって様々だと思います。

しかし、それで良いのです。ご褒美に感じる種類はバラバラでも、脳の中ではどれも報酬系の神経ネットワークの活動を活発にするからです。脳の中ではこのネットワークが働くことが、その人にとっての「報酬＝ご褒美」だということです。

となると、スイーツだったり、人に認められたりすることは、この脳のネットワークを働かせるための「スイッチ」のようなものです。その**スイッチが入れば、脳で報酬系の神経ネットワークが盛んに働いて、ドーパミンが増えていく**のです。

大人になっても、子どものときのように楽しむ姿勢を持つことで、脳の中でドーパミンが増えてきて、記憶力アップにつながります。このことは重要なので、第7章で改めて取り上げることにします。

1-2 大人になったらなぜ、学校で勉強したことを忘れてしまうのか？

記憶が脳に定着するまでのしくみ

かつて学校で勉強したことや、受験勉強で頭に詰め込んだ記憶は、いったいどこへいったのでしょうか。

大学で教えたり、一般の人にセミナーなどでお話ししたりしていると、脳や記憶についての質問を受けることがあります。その中にはタイトルにあるような、なかばその人の〝心の叫び〟ではないかと思えることもあったりします。

ここで、記憶が脳に定着するまでのしくみについて説明しておきましょう。

記憶とは、その環境に最適な振る舞いができるためのしくみです。**そのとき必要な情報が優先的に作られる性質があります**。

新しいことを覚えて脳に定着させるための場所は「海馬《かいば》」といいます。海馬は新しい記憶を作るときに、その情報が自分にとって必要かどうかを選別して脳に刻み込む準備を進めるところです。いわば〝記憶のエンマさま〟のような存在ともいえます。

私たちが普通に生活していれば、脳には多くの情報が入ってきます。その数はごまんとあるので、その全てを記憶として脳に収めていたら、脳は数分で満タンになってしまうといわれているほどです。そこで、海馬が〝エンマさま〟のごとく、本当に記憶として長期に脳に残す価値があるのかどうかを見極めます。**海馬が認めてGOサインを出した情報だけが、記憶として脳に定着するのです**。

図1　情報が「記憶」として脳に定着するまでの流れ

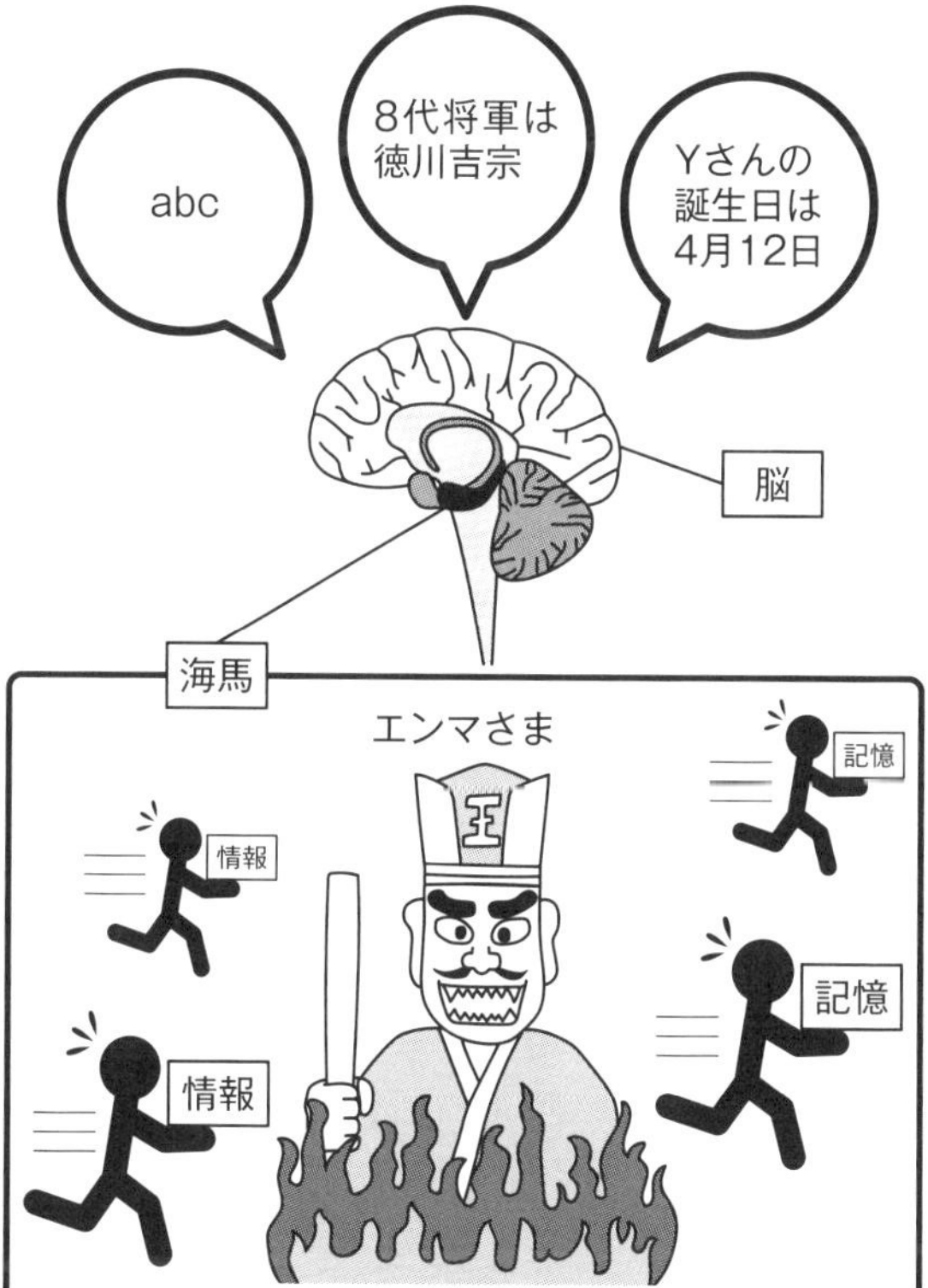

海馬（記憶のエンマさま）が必要と判断した記憶のみが脳に定着する

そのしくみは改めて詳しく触れますが、海馬の中にある神経ネットワークが活発に働く情報を選び、〝長期間残る記憶情報〟として脳に刻んでいくのです。

私たちは外界から絶えず五感の情報を採り入れながら生活しています。

五感とは、目で見る（視覚）、耳で聞く（聴覚）、鼻で匂いを嗅ぐ（嗅覚）、舌で味わう（味覚）、皮膚などで触る（触覚）ことをしたときの感覚です。

この五感は、いわば「アンテナ」の役割を担っています。私たちを取り巻く状況をキャッチするために、それぞれの感覚が得意とする情報が流れてこないか、今か今かと待ち受けているのです。

五感のアンテナがキャッチした情報のほとんど全ては海馬に送られます。その中で**必要な情報は、海馬の神経ネットワークを活発に働かせることによって、記憶として脳に刻まれていく**というわけです。

脳が残したがる情報、忘れたがる情報

では、「必要な情報」とはどのようなものでしょうか。

それは「**くり返し脳に入ってくる情報**」です。

そのときの自分にとって「必要」な情報とは、くり返し触れる機会が多いものです。**頻繁に脳に入ってくる情報は、くり返し海馬に送られて「必要な情報」として認められ、〝記憶〟として脳に定着していくことになる**のです。

ひるがえって考えてみましょう。

学校で学んだ「知識」の多くは、仕事をしていると大して使う場面もなく、いつの間にか忘れられていくものです。もちろん学校で習ったことは、大人になって得る知識の土台を作るものなので、なくてはならないものですが、実社会ではあまり学校で習った知識自体を使う場面はありません。

特に学校の勉強を、テストのために一夜漬けで頭に詰め込んできたタイプの人は、テストが終わると、その情報に触れることはほとんどないまま卒業することが多いものです。これでは、**海馬がその情報を「必要」と認めることもないので、記憶には残りません**。

一度覚えたことも、ほこりをかぶると忘れ去られる

もうひとつ、せっかく定着した記憶も失われてしまう可能性があることを忘れてはいけません。

海馬が「必要な情報」として認定したものは「長期の記憶」として脳に長く留まります。

しかし、脳では、次から次へと新しい記憶が作られています。たとえ脳の中でうまく整理されていても、たまに引き出さないと、新しくできた記憶に埋もれたり、ほこりをかぶったかのように、どこにあるのかわかりづらくなり、思い出せ

なくなってしまいます。あるときには、「もう必要ない情報」となって脳の中から消えていってしまうこともあるくらいです。

脳には、くり返し接する情報をそのときの自分にとって「必要な情報」として記憶する性質があることから、「必要ならばたまには思い出す」ということが大切です。

学校で学んだことがらも、たまに思い出すことで記憶として残りやすくなります。そのときに、興味を持って、さらにそれに関連することを調べたり覚えたりすることを楽しめるようになると、さらに記憶が定着しやすくなるのです。

1-3

自己啓発書の読みすぎは記憶の敵？

本を読んでもすぐ内容を忘れてしまうのはなぜ？

みなさんの中には、ビジネス書や自己啓発書が愛読書だ、という人もいるでしょうか。

ビジネス書や自己啓発書は「ためになる情報が満載」なので、手に取ってすぐに読み進めたくなる気持ちもよくわかります。ですが、今一度、それらの本を手に取った目的を振り返ってみてください。

多くの場合、その目的とは、本から得られた情報を仕事や実生活に活かすことではないでしょうか。

となると、本を読んだだけではまだ道はなかば、その後に行動を起こすことにこそ意味があることになります。本で得た有意義な情報を活かすことでそれまでの自分が変わり、目指す自分のイメージに近づいていくことが実感できれば、ビジネス書や自己啓発書を読む目的が達成されつつあるといえるでしょう。こう考えると、本などから得た情報を脳の中に留めておくのはもったいないことです。**記憶の扉を開くカギは手に入っても、行動が伴わないと意味がない**からです。

日常的に自分の記憶力がアップしたのかどうかを実感できる機会は、そう多くはありません。となると、この本のように、解説を読んで記憶に関する理解が進んだところで、実際に記憶力を「ドリル形式で試してみる」ことは、記憶力のトレーニングにもなるので良い方法です。それどころか、記憶が作られやすい状況を整えていることにもなっています。

というのも、記憶は、この章で後ほど触れるように、**「アウトプット」を意識して情報を得ることで脳に定着しやすくなる性質がある**からです。

多くの人がなかなか行動に移せない理由

といっても、世の中、頭ではしっかり理解しているつもりでも、なかなか実践できないことが多々あるものです。やりたいことや考えていることを行動に移せないのには理由があるのです。

人間の行動を研究する行動科学では、目標が明確でないとなかなか行動に移せないと説明されています。

何をしたら良いのかよくわからない状況やどこまでやればよいのかが明らかにされていない状況では、目先のこと以外にもいろいろなことを考えながら進めていくことになります。そのため、脳の働きからしても、処理すべき余分な情報が多くなってしまいます。このような状態を「**認知負荷が高い**」といいます。

脳へ入ってくる情報を処理する過程では、脳はそのための領域を割いてから処理を進めます。これを「負荷」と考えたのが「認知負荷」という考え方です。認知負荷は、人間の心理や態度に影響を及ぼすものです。何か大変そうなことや複雑なことをしようとした場合、脳が「認知負荷が高い」状態になってしまって、「めんどうくさい」や「嫌だな」という心理が芽生えてくるのです。

「行動するのがめんどうだな」と感じたときにオススメの方法

認知負荷が高いときには、**頭の中だけで考えずに、やるべきことをリストにしたり、図示したりするのが良い**でしょう。そうすることで、全体像や個々の顔ぶれが見えてきて、何をやるべきかがより具体的になっていきます。そして脳での認知負荷も下がり、実際に行動に移しやすくなるのです。

つまり、ビジネス書や自己啓発書を読んだときには、ここぞとばかりに、**自分の言葉で内容をまとめたり、具体的にどのようなことをしたら良いのかを書き出**

したりしてみましょう。1行でも良いので感想を書いてみたり、イメージできた理想の自分と今の自分の姿を比較してみたりするだけでも良いのです。これで、本の内容の理解が深まり、記憶にも残りやすくなるだけでなく、理想の姿に一歩近づく行動を起こすために心の準備ができるのです。

おそらく本を読んでいる間には、そのときの自分をふり返りながら読み進めていることと思います。そして、得られた情報も脳の中で新鮮な状態なので、紹介した方法を行動に移すには、**本を読んでいる途中や読了後すぐがベストなタイミング**です。

1-4
記憶力とアウトプットの関係

記憶力が高まる復習方法とは？

みなさんの周りに、本を読んだり、セミナーなどで話を聞いたりするのは好きだけど、実は「あまり内容を覚えていない」なんていう人はいませんか？

先ほど1‐3で、アウトプットを意識することで、脳に定着しやすくなることをお伝えしました。これも同じように、〝その後〟の行動で、記憶の量も質も大きく変わるかもしれません。

仕事でも勉強でも日常生活でも、一度覚えたと思ったことが、案外あやふやで覚えられていなかった、ということはよくあることです。実際にそれで困ったという場面にもなりがちなので、効率良く、確実に覚えられる方法はないものか、と思う人は多いのではないでしょうか。

「忘れない」勉強法とは?

このようなときに参考になりそうな研究成果をご紹介しましょう。

この研究からは、一度覚えたと思った後の行動が記憶に大きく影響することがわかります。そして、覚えたことを誰かに教えたり、テストして試してみることが大切なのだと感じられると思います。

その研究とは、スワヒリ語の単語40個を暗記するという実験をもとにしたものです。

具体的には、アメリカの名門・ワシントン大学の学生に参加してもらって、参加者は次々出てくる単語と訳語のペアを、それぞれ5秒以内に覚えていくというものです。これを行った後、テストを行いました。

さすがにスワヒリ語となると、名門大学の学生とはいえ、一度に全ての単語を記憶するとまではいかなかったようです。テストで、やはり間違いもちらほらと見られたところで、この実験の面白みが始まります。

実験では、テストで間違いがなくなるまで復習をくり返しながら、どのような復習方法が良いのかを調べています。次の4つのグループに分けて復習のやり方を変えたところ、記憶できた量（きちんと覚えた単語の数）に違いが出てきたのだそうです（39ページの図2参照）。

グループ1 テストで正解していても間違えていても、40個の単語全てを覚え直す。その後、再び全問テストを受ける。

グループ2 テストで間違えた単語だけを覚え直す。その後、再び全問テストを受ける。

グループ3 テストで正解していても間違えていても、40個の単語全てを覚え直す。その後、間違えた単語だけをテストで確認する。

グループ4 テストで間違えた単語だけを覚え直す。その後、間違えた単語だけをテストで確認する。

さて、読者のみなさんは、どのグループの成績が良かったと思いますか？

ちなみに実験の結果では、どのグループも、単語を覚える速さには違いがありませんでした。しかし、1週間後に行った再テストでは、成績に差があったのです。グループ1およびグループ2では、再テストでも約80％の得点率であったのに対し、グループ3とグループ4では、約35％しか取れなかったとのことです。

つまり、効率良く覚えるために効果的だったのが、再テストをするときには、すでに覚えた単語も含めて「全ての単語」についてテストを行ったグループだとい

図2　復習のやり方で得点率に違いが見られた実験

得点率

約35%	約80%
グループ3 **●テスト後の対応** 正解·不正解にかかわらず、40個全ての単語を覚え直す **●再テスト** 前回不正解だった単語だけテストを受ける	**グループ1** **●テスト後の対応** 正解·不正解にかかわらず、40個全ての単語を覚え直す **●再テスト** 全問テストを受ける
グループ4 **●テスト後の対応** テストで不正解だった単語だけ覚え直す **●再テスト** 前回不正解だった単語だけテストを受ける	**グループ2** **●テスト後の対応** テストで不正解だった単語だけ覚え直す **●再テスト** 全問テストを受ける

うことです。

インプットするだけでは、記憶に残りにくい

ここからわかることは、**脳に記憶を定着させるには、継続して情報をアウトプットするのが良い**ということです。そうすることで、効率良く記憶することができるのです。

この実験でも、成績が良かったグループでは、一度きちんと覚えた単語についても再度テストをしています。そのときに答える（＝アウトプットする）ことによって、正解した単語についての記憶も確かなものになっていったのです。

せっかく覚え直しても成績が振るわなかったのは、間違えた単語のみを覚え直して、その単語だけのテストを受けたグループでした。その敗因は、先に覚えた単語を、一度正解した時点から思い出すことがなく、忘れてしまったことです。

ここから、**インプットするだけの勉強方法はあまり効果が上がらない**ともいえ

るでしょう。本をたくさん読んだり、セミナーに出向いて良い話を聞いたとしても、それはあくまで「インプット」です。

本当に情報を自分のものにするためには、積極的に「アウトプット」するのが良いでしょう。

アウトプットを前提に行動すると、良い結果が舞い込んでくる

アウトプットするときには、本を読んだり、セミナーなどで耳にした情報を人に説明したりするようにすると、その人とのコミュニケーションにもなって良いものです。あるいは、ブログやSNSなどを使って積極的に他人に伝わりやすく説明するのも良いと思います。もちろん、本などで得られた情報に基づいて実際に行動してみるのも、アウトプットのひとつです。

これは最近よく耳にする「アクティブラーニング」の一環ともいえるでしょう。

自分の意見をいったり、考えをまとめて誰か他の人に発表したりするといった「ア

ウトプット」をイメージしながら学ぶ（＝インプットする）ことで、脳に刻まれる情報の質も量も変わってくるのです。

インプットした情報がストーリーになっていれば、このような方法もとれますが、英単語や歴史の年表など、単純な暗記モノのように、他人に説明するのが難しいものもあります。

そのような場合には、ある程度覚えたときにテストをするのが良いでしょう。テストがあると、良い点を取ることに目標を置きやすいことや、テストの日を決めておけば、それまでにしっかり覚えよう、という「締め切り効果」も期待できるので効果的です。

学生時代、とかくテストは嫌なものでしたが、記憶を定着させるためには、実はもっと頻繁にやってもらっても良かったということです。

1-5

そもそも記憶のしくみとは？

ハウツーを知る前に「しくみ」を知ると理解しやすくなる

みなさんは「記憶」に関して多かれ少なかれ興味を持っていることと思います。中には、うまく記憶するための「記憶術」についてはよく知っているという人もいるでしょう。

しかし、脳の中で記憶が作られるときには、どのようなしくみが働いているか、ご存知でしょうか？　そう言われても、「そんなこと知らないよ」とか「方法だけ教えてくれればいいから！」と思われるかもしれません。

一般的に、ハウツー本により学んだスキルは、すぐに実生活に活かせるものばかりです。なぜなら〝ハウツー〟は、書き手が数々の体験を経てたどりついた結果をわかりやすくまとめたものだからです。

しかし、ハウツーをいくら身につけても、その対象の本質についての理解は、なかなか進まないものです。逆に、その対象を築いている基礎について学ぶことは、ハウツーを知るよりも少し時間はかかるものですが、スキルを自分のものにするためには近道なことが多いのです。ここでいう基礎とは、ハウツーを支える「しくみ」のことです。

最近では、記憶について、脳の中で作られるときのしくみや性質、思い出すときや忘れてしまうときのしくみなど、様々なことがわかってきました。

もちろん、記憶のしくみの全てが解明され尽くしたわけではありませんが、これまでに理解が進んだことを知るだけでも、記憶についての全体像が見えてきそうです。

それでは、どのようなしくみで記憶が作られていくのか、少し詳しく見ていきましょう。

記憶が作られるしくみとは？

記憶には、３つのステージがあります。

まずは「記銘」。これは、私たちを取り巻く外部からの情報が脳に入ってきて、それを記憶の情報として脳に獲得していくステージです。次に、その情報を蓄えておく「保持」のステージ。そして、それらの情報を思い出す「想起」のステージと続きます（47ページの図3参照）。

一般的に**「記憶力が良い」「良く覚えられる」といわれる人は、「記銘」のステージが優れている場合が多い**ものです。これは、記憶力が良いこともありますが、覚え方がうまいことも ままあります。

アルコールを飲むと、記憶しづらくなる？

かなり昔のことをいつまでも覚えていられる人は、「保持」や「想起」のステージがよく働いていることもあります。逆に、「ど忘れ」して覚えていたはずのことが言葉に出てこない場合は、「想起」のステージがうまく働いていません。よく知っているはずの友人の名前が出てこないのはこのケースです。

宴会などで盛り上がり、「ちょっとお酒を飲みすぎて、昨夜のことはほとんど覚えていないぞ」という場合は、「記銘」のステージがうまく働いていないのです。

これは、**お酒のアルコール（＝エタノール）が、記憶を作るための神経ネットワークの働きを弱めてしまうから**だと考えられています。特に、記憶ができるときに活性化して情報を運ぶ役割を持つタンパク質の働きが妨げられてしまうのです。

アルコールは少量だと脳の創造性を高めるので、居酒屋で同僚とわいわいやっ

図3　記憶が作られるしくみ

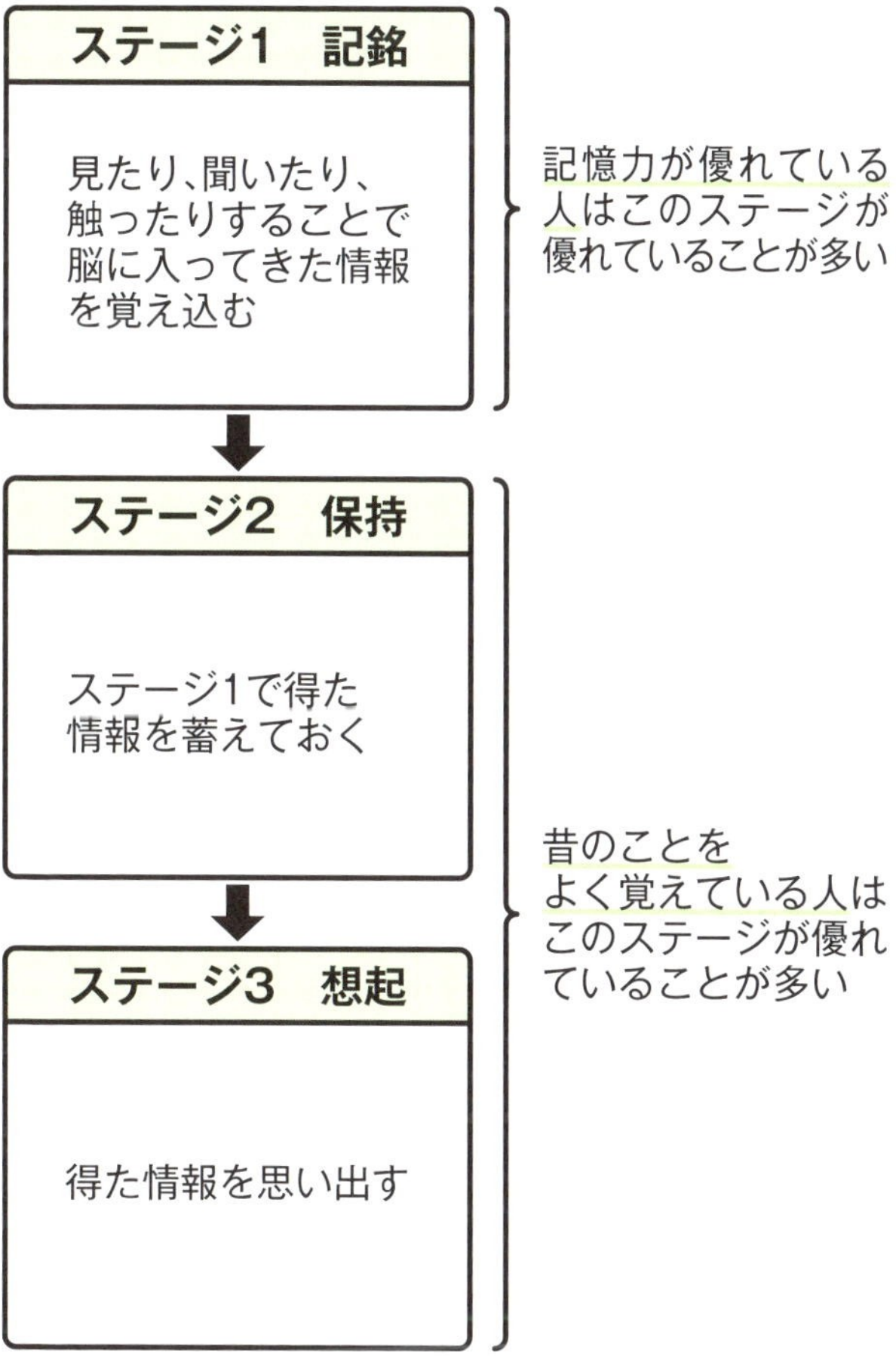
ステージ1　記銘
見たり、聞いたり、触ったりすることで脳に入ってきた情報を覚え込む
記憶力が優れている人はこのステージが優れていることが多い
ステージ2　保持
ステージ1で得た情報を蓄えておく
ステージ3　想起
得た情報を思い出す
昔のことをよく覚えている人はこのステージが優れていることが多い

ているときに良いアイデアが浮かんだりするかもしれません。しかし、翌朝になってみると「あれ、何だったっけ?」となりがちなのは、**記憶を作るときのメカニズムをアルコールが妨げてしまうからです**。

記憶が残らないのは、海馬の〝エンマさま〟のしわざ

脳で記憶が作られるときには、五感のアンテナから入ってきた情報が海馬に送られてきます。海馬では、その情報を長期の記憶として脳に刻んで良いかどうかの選別をしていきます。つまり、**脳の中に短い時間しか留めておくことができない「短期記憶」を、何年もの長い期間留めておくことができる「長期記憶」に変換していく**のです。

このような海馬の働きは、1－2で見てきたように、さながら記憶の〝エンマさま〟といえます。この〝エンマさま〟が、「この情報は残そうか、残すまいか」という選別を厳しく行っているのです。

この〝エンマさま〟が記憶に残そうとするときには、海馬では神経ネットワークが特別な働きをしています。特に「可塑性《かそせい》」と呼ばれる性質が働くと、海馬の〝エンマさま〟のしくみが記憶に残そうとしてくれます。

可塑性とは、強い刺激で起きた変化をそのまま残す性質のことです。

たとえば、粘土のかたまりを指でぎゅっと圧《お》したときには形が変わりますが、粘土は圧していた指を引き抜いても変わった形がそのまま残っています。この性質が「可塑性」です。

一方、可塑性のないゴムボールは、同じく指で圧したときには形が変わりますが、その指を引き抜くと元の形に戻ってしまいます。

つまり、可塑性とは「変化を保存する性質」なのです。勉強したりして脳の海馬で可塑性が働く状態になると、新しく学んだ内容を脳に保存していきます。これが記憶のメカニズムです。

では、その海馬を大きく活性化させるにはどうしたら良いでしょうか。

記憶の〝エンマさま〟が脳に残すための〝合格〟を出しやすいものは、私たちにとって「必要な情報」と「重要な情報」です。これらについては、第7章で詳しく触れていくことにします。

1-6

食べ物を変えると記憶力がアップするのは本当？

記憶力をアップさせるうまい話

「記憶力をアップさせるうまい方法ってないですか？」という質問をよく受けます。うまい話はそうそうないというのが世の常ですが、うまいものならあるのです。特に記憶力に効果が期待できる食べ物がいくつもあることがわかってきています。

これから紹介する食べ物は、脳の働きをスムーズにする効果があるといわれているものです。いわば〝若い脳〟、つまり、記憶力だけでなく情報処理が速く、発想豊かないきいきとした脳にするのが期待できるものです。

若い脳には酸素と栄養素が欠かせない

早速その食べ物を紹介する前に、まずはその受け手である脳について説明しましょう。

若い脳を保つために重要なことは、**脳を流れる血液を充分に多くすること**です。血液は酸素と栄養素を運びます。**脳にとって栄養となるのはブドウ糖**です。脳はブドウ糖を蓄えておくことができないので、絶えず血液によって新しいブドウ糖を運んでいかないと、脳の栄養が足りなくなってしまいます。

そして脳が正常に働くためには、多くのエネルギーが必要です。脳もひとつの臓器だと考えると、身体にある臓器と比べて異常なほど多くの栄養が必要だとされるほどです。

脳の重量はおよそ1．2～1．4キログラムなので、体重から考えると、40分の1～50分の1程度の重さしかありません。しかし、その脳が消費する酸素やエネルギーの量は、身体全体で消費するエネルギーのおよそ4分の1～5分の1くらいです。重量で換算すると、かなりの消費量ということがわかります。

脳でのエネルギーはブドウ糖から作られるので、**脳がよく働くためには、多くのブドウ糖が必要になる**わけです。

では、何を食べればブドウ糖を摂取できるのでしょうか。

それは**炭水化物**です。ブドウ糖は栄養素として炭水化物を摂ったときに、体内で変換されて脳へ届けられます。過不足なく補給しなければ、脳がスムーズに働かなくなってしまいます。最近はブドウ糖を固めたお菓子（ラムネ菓子のようなタブレットなど）もあるので、勉強や仕事をして疲れたときなどに、口に入れておくのも良いでしょう。

脳まで届きやすい栄養素

ところで、脳は体内でも脂分の多い臓器で、実に6割以上は「脂《あぶら》」でできています。

脂分は「脂質」と呼ばれる栄養素からなります。そのため、脳のコンディションを整えるためにも、栄養素のバランスを考えた食事、質の良い脂質を摂ることが大切になってきます。

しかし、**脳は生き物にとって最も大切な臓器なので、口から入ってきたものを全て受け入れるわけではありません**。

なぜなら私たちの口から入るものは種類が多く、ほとんど全ては身体にとって「異物」です。それらが脳にとって良いものか悪いものか、事前に身体が知っておくことは無理難題といえるでしょう。そこで、まずは厳しいしくみを作っておいて、多くのものを弾いてしまえば、脳の安全は保ちやすくなる、というわけです。

この選別基準はかなり厳しくできています。

そのうちのひとつが「血液脳関門」です。このしくみが、食べたものや飲んだものが腸などで吸収されて血液中を流れ、それが脳に届いたとしても、すぐには脳のニューロンなどに触れることがないように選別します。

しかし、厳しいながらも、ある条件のものは素通りに近いくらい通りやすくなっています。そのうちのひとつが「**油＝脂**」です。**選別厳しい血液脳関門といえども、脂質はすいすい通してしまう**のです。

同じ肉食でも、病気になりやすい人とそうでない人がいる

脳の健康には、DHA（ドコサヘキサエン酸）やEPA（エイコサペンタエン酸）のような「オメガ3系の脂肪酸」というグループに属する脂質が欠かせません。

ここで、特にEPAに関する興味深い調査結果があるのでご紹介しましょう。

ＥＰＡは、「イヌイットのパラドックス」と呼ばれる逸話が知られています。

イヌイットはグリーンランドに暮らしていますが、グリーンランドは自治区なので、本国はデンマークになります。イヌイットとデンマーク本国の人々は、同じ国でくくられていて、似たような食生活をしてはいても、健康に大きな違いが見られた、というのが「パラドックス」と呼ばれる所以《ゆえん》です。

デンマーク本国に住む人たちの多くは肉食で、いわゆる欧米型の牛や豚のステーキやソーセージのような食べ物を好む食文化で暮らしています。一方、イヌイットは、同じ「肉食」でも、「海獣《かいじゅう》」の肉を食べているのだそうです。海獣とは、アザラシやセイウチのような、海で生活する動物のことを指します。

イヌイットは、デンマーク本国に住む人たちと比べると、心筋梗塞《しんきんこうそく》のような心疾患にかかる割合が10分の1、気管支ぜん息が20分の1、がんが3分の1、胃潰《いかい》瘍《よう》や十二指腸《じゅうにしちょう》潰瘍《かいよう》のような消化性潰瘍が3分の1、デンマークで多く見られる関節リウマチや潰瘍性大腸炎はほとんど発症していないのだそうです。

その原因を調べるために、それぞれの人たちの血液を検査したところ、イヌイットの人たちには、デンマーク人とは違って、EPAが多く含まれていたというのです。

EPAは血液をサラサラな状態にする効果があり、それが健康状態に影響するだけでなく、脳にも充分に血液がいきわたるようになると考えられているものです。

一方、**DHAは、脳に直接的に作用し、ニューロンの柔軟性を高めて脳内の情報伝達をスムーズに進めたり、ニューロンが新しく生まれて働くようになるのを助ける効果**が知られてきています。そして、DHAは、体内でEPAからも作られるという関係もあるのです。

DHAやEPAは魚から摂れるのですが、特に青魚に多いとされています。もちろん季節によっても、それぞれの場所での含有量は変わりますので、旬で美味しい時期に食べるのが良いでしょう。

青魚以外に質の高い脂質を摂れる食品

「オメガ3系の脂肪酸」のグループに属する食品には、次ページの図4にもあるように、**クルミや大豆、エゴマ油やアマニ油といった「油」にも多く含まれているる**ことが知られています。

これらの質の高い栄養素を摂っていくことで、脳の機能がスムーズに働くようになり、記憶力アップも期待できるようになっていくのです。

最近ではサプリメントなどで様々な栄養素を摂ることもできるようになっていますが。不足しがちなときは、いつもの食事に加えていくのも良いでしょう。

図4　疲れたときに口にしたい食べ物・飲み物

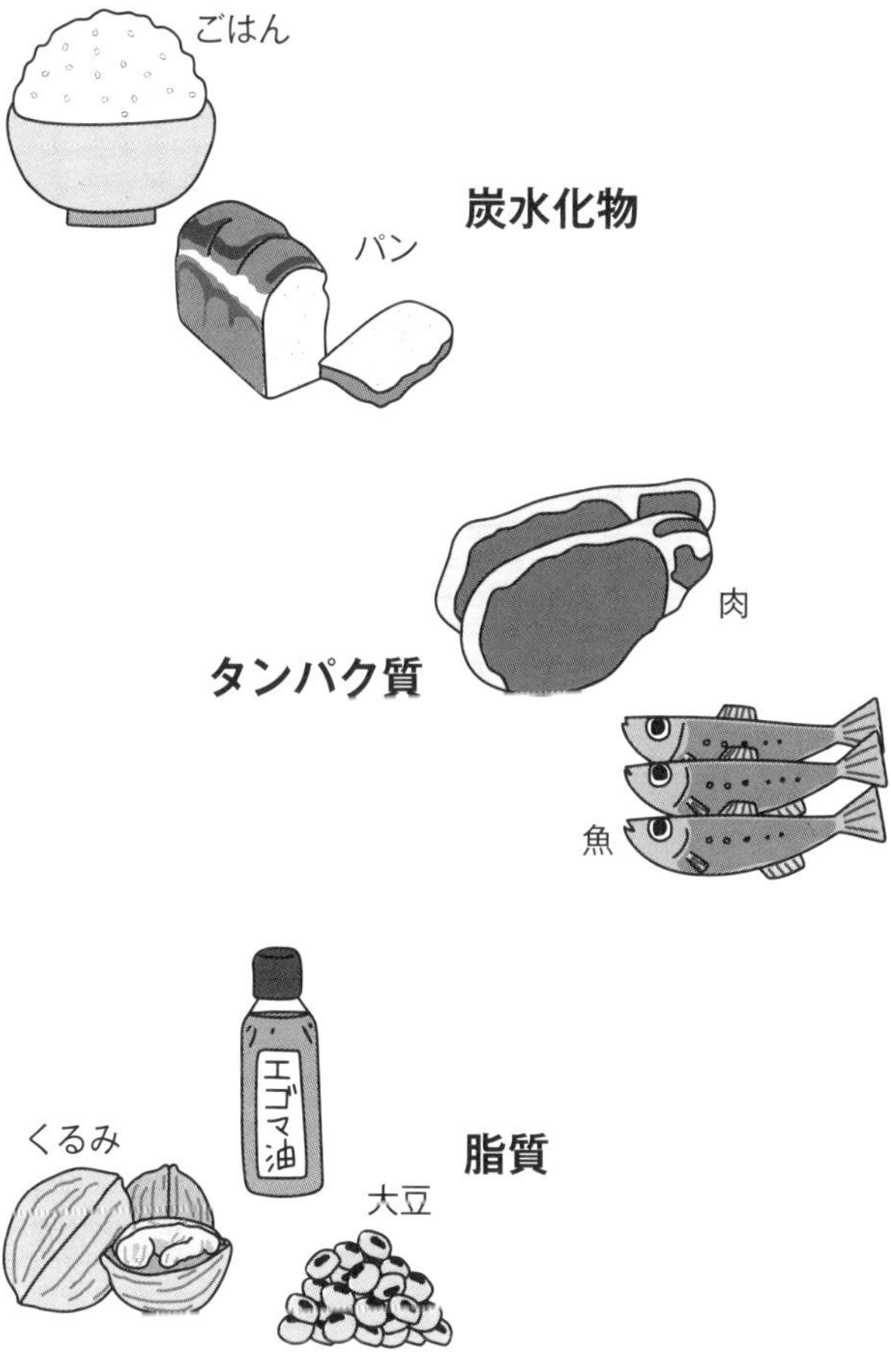

1-7

脳年齢を若くするより、今の年齢を維持しよう

もの忘れが激しい＝認知症とは限らない

近頃、「もの忘れ」が多くなったことを嘆く声をよく耳にします。「もしかしたら認知症の一歩手前じゃないか」と不安に感じている人もいるようです。

わが国の認知症患者数は２０１２年の統計で約４６２万人。

これは医療機関を通して国が把握している数なので、実際にはもっと多いといわれています。認知症はれっきとした病気なので、医師の診断によるものです。きちんと診断するために様々なテストを行い、脳の機能や構造を調べることで、認知症かどうかの判断をしています。

認知症ではなくても、脳の機能が低下した〝認知症の予備軍〟とされる「軽度認知障害（ＭＣＩ）」の範囲にある人は、およそ４００万人もいるといわれます。認知症患者の数と併せると、実に８００万人を超えることになり、高齢者の４人に１人を超える数になるというのです。

認知症は「もの忘れ」から始まることが多いので、「もの忘れがひどくなった」と嘆く声のうちには、認知症への不安が隠れているようです。

しかしよくよく聞いてみると、しっかり勉強したことや仕事や日常生活で自分が体験したことまですっかり忘れてしまうのではなくて、何かをしようと席を立ったけど、「はて、何をしに来たのだろう」といったことや、誰かと話をして予定を決めたことをうっかりすっ飛ばしてしまったとか、実は不注意によって覚えていないということもあるようです。

たしかに認知症の初期段階では、「もの忘れ」が目立ってくるということが見られます。しかし、単に脳がほかのことでいっぱいになっていて、新しいことを覚える余裕がなかった、というケースもありがちなのです。

忙しすぎると「もの忘れ」しやすい

ここで、「もの忘れ」に関連した記憶のしくみについて説明しておきましょう。

私たちの記憶にはいくつかの種類があり、見たり聞いたりしたものは、〝ワーキングメモリ〟と呼ばれる記憶に入ります。この記憶は脳に短時間しか留まらないだけでなく、その容量も限られています。

ワーキングメモリは、脳の中に「テーブル」が広がっているイメージです。ここに本や書類を拡げて、何か作業をするのがワーキングメモリの役割です。

つまり、新しい情報が入ってきたら、とりあえずここに置いたり、記憶として脳の中にある情報を引き出してこのスペースに拡げることで、何か考えごとをするのです。

とはいえ、テーブルの上のスペースは限られているので、そこに置いて拡げられる情報も限られています。

何かの情報が脳に入ってきて、テーブルの上に置いておこうとしたときに、すでに他の情報でテーブルの上が埋まってしまっていると、新しい情報を置く余地があまりありません。

脳に新しく入ってきた情報は、ワーキングメモリで拡げられたものの、処理が進むので、そもそもこのテーブルの上に載らなかったり、載っても拡げられないような大きさの情報は、記憶としては残りにくいということになります。

見たり聞いたりしたものをすぐに忘れてしまうということは、何か考え事をし

ていたり、忙しくてすでにワーキングメモリのテーブル上が埋まった状態である場合に生じやすくなります。

「ワーキング」している記憶がカギ

もの忘れが多くなると「認知症かもしれない」と心配しがちです。あまりに心配しすぎるとストレスが強くなってしまうので、それが原因で記憶力が低下してしまうことにもなりかねません。

ちょっと見聞きしたことが記憶からこぼれ落ちてしまいがちな人は、まずは、ワーキングメモリの状態を良くすることから始めましょう。

ワーキングメモリは、その名が示すように「ワーキング（＝作業）」するための記憶です。仕事でも日常生活でも、もちろんゲームで遊んでいても、そのことをいつも考えていると、脳の中では「ワーキング」の状態になります。つまり、その考え事でワーキングメモリを使ってしまっているということです。

たとえば仕事でいくつものプロジェクトを抱えている人は、同時に複数のことを考え続けなければなりません。このような人は、ワーキングメモリの容量を使い果たしてしまいがちです。ちょっとした予定を伝えても、覚えたつもりが脳に残っていないことも往々にしてあるのではないでしょうか。

こういう場合は、ワーキングメモリを解放しましょう。

もの忘れが気になる人にオススメの方法

ワーキングメモリを解放して記憶の容量を増やすには、いくつかの方法が有効だといわれています（67ページの図5参照）。

たとえば、「**メモをとる**」こと。これは、記憶ではなく記録に残すようにするので、ちょっとしたことやスケジュールを覚えるのにワーキングメモリを費やす必要がなくなります。しかし、メモにばかり頼ることが習慣になると、脳が記憶しなくても良いことに慣れてしまうので、逆に記憶力が低下してしまいます。あくまで、**ワーキングメモリからこぼれ落ちそうな状態のときにメモを使うのが良い**でしょう。

それ以外にも、ちょっとした昼寝も有効です。**10～15分程度の昼寝をすることで、記憶力だけでなく集中力なども回復していきます**。午後の昼寝は効果てきめん、かなりパワフルなので、「**パワーナップ**」（ナップは「居眠り」の意味）とも呼ばれます。

歴史に名を残す偉人も、ちゃっかり「午睡《ごすい》」というパワーナップをとっていたことが残っていたりと、その効果は古くから認められているようです。

そして、楽しみながら接することや**瞑想を続けることも、ワーキングメモリに**

図5　脳の容量を増やす方法

❶ メモを取る

あくまで「これは忘れてしまいそうだな」というものに限って行う。メモにばかり頼ることが習慣になると、記憶しなくても良いことに慣れてしまうため、記憶力が低下してしまう。

❷ 昼寝（10～15分程度）

適度な昼寝は、記憶力のみならず、
集中力を回復させる。

❸ 瞑想

リラックスできる環境で行うのがベスト。難しい場合でも、できるだけ人が少なく、心を落ち着ける場所を選んで行うのがオススメ。

効果的だといわれています。

「もの忘れ」を嘆いて「脳を若くしなくては」と焦るよりも、まずはできる範囲で工夫をしてみましょう。今の状態のメンテナンスを心がけるだけでも、充分に効果が上がることが良くあるものです。

かの有名なスティーブ・ジョブズやシェリル・サンドバーグのように、いつも同じ服を着ている人の中には、服を考えることにメモリを費やすことをやめて、脳のパフォーマンスを上げようとしている人もいるのだそうです。

さらには、自分の関心のある分野を楽しみながら突き詰めていくことも大いに効果があります。

メモリの使いすぎでもの忘れが多くなったり、考えがまとまらなくなってきたりしたときには、毎日同じ服……とまではいかないまでも、着る服を工夫して楽しむ姿勢を忘れないことで、効果が見られるかもしれません。

それでは、理論についてはこのくらいにして、次の章から実際に記憶力をアップさせるトレーニングをはじめましょう。

Column 01

ファストフードと切っても切れない仲なのは、炭酸飲料でしょうか。炭酸飲料は炭酸がシュワッとして気分がスッキリするだけでなく、舌触りが良く、飲んで心地良いものです。しかし、炭酸飲料を飲むときには、炭酸の効果と冷たくしている効果で舌の感度が弱くなっていることから、甘味を感じさせるために砂糖を多く溶かしてあるのだそうです。コーラ350mlに含まれている糖分は約40グラム。これをすべて砂糖とすると、実に角砂糖10個分の糖分が含まれているといわれます。美味しく感じるのは良いのですが、それだけの砂糖を飲み込んでいることと同じということにもなるのです。

炭酸飲料は習慣になりやすいので、気をつけないと糖分を摂りすぎてしまいます。実際に「ペットボトル症候群」と呼ばれる、炭酸飲料を大量に飲み続けたことによる急性の糖尿病が知られているくらいです。

糖尿病は罹《かか》ったのが若くとも、将来の認知症を引き起こしやすくすることが知られています。この本で記憶力をアップさせるだけでなく、将来に認知症にならないようにもしていきたいものです。「どうしても炭酸飲料が飲みたい！」という人は、糖分が少なめのものか、むしろ入っていない炭酸飲料を試してみるのも良いと思います。

第2章

間違い探しトレーニング

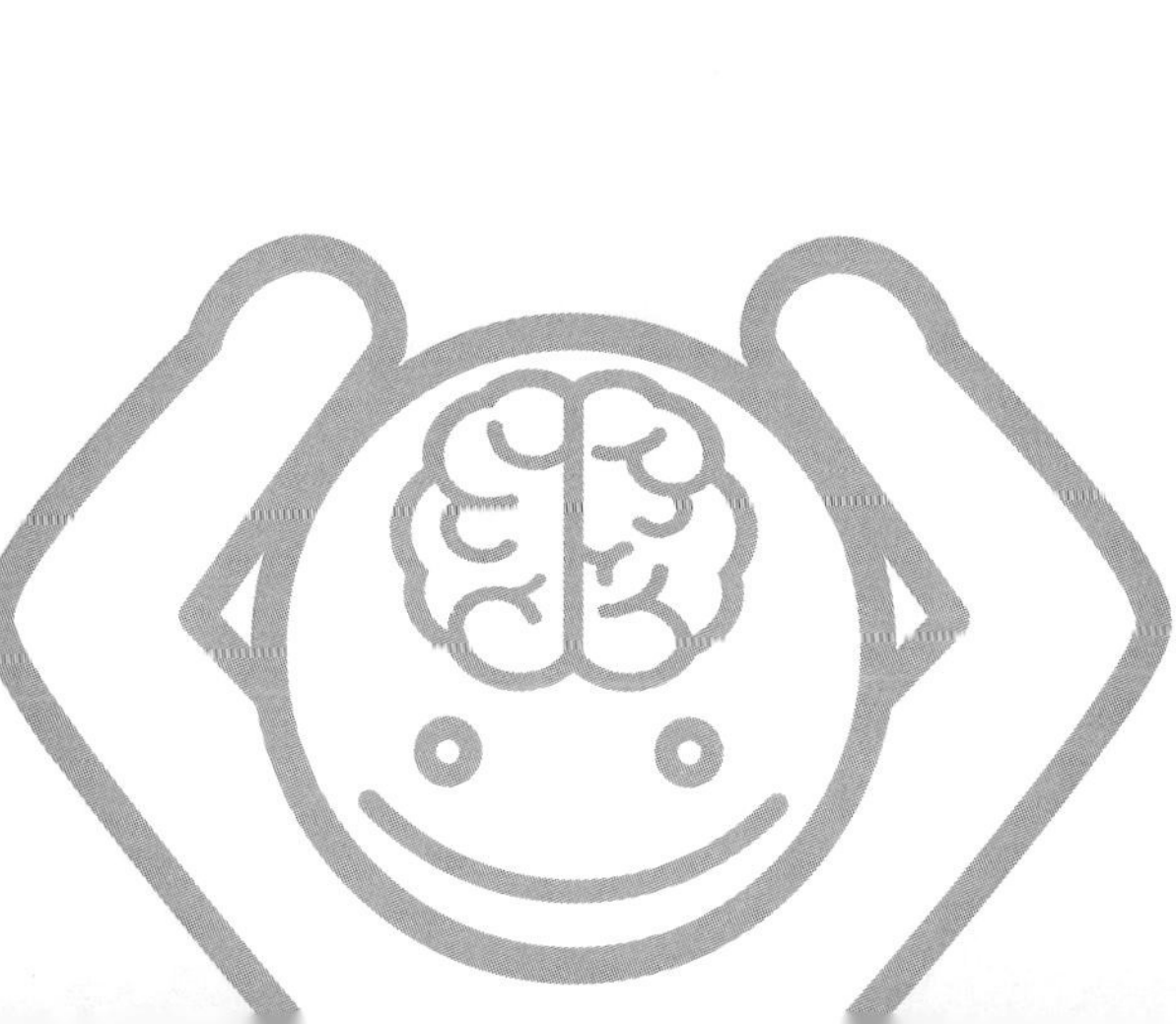

2-1
やり方と注意点

やり方

奇数ページにあるイラストをよく見た後、ページをめくって偶数ページのイラストを見て間違いを探しましょう。間違いは5つあります。一度奇数ページをしっかり見た後、偶数ページの間違いを探すと効果が上がります。

身につくこと

制限時間を決めて探すことで、集中力が養われます。また風景の細かなところにまで注意を向けることで、記憶力も鍛えられます。

▼ 例題

小樽運河（北海道）

※解答は84ページ

▼本題①

名古屋城(愛知)

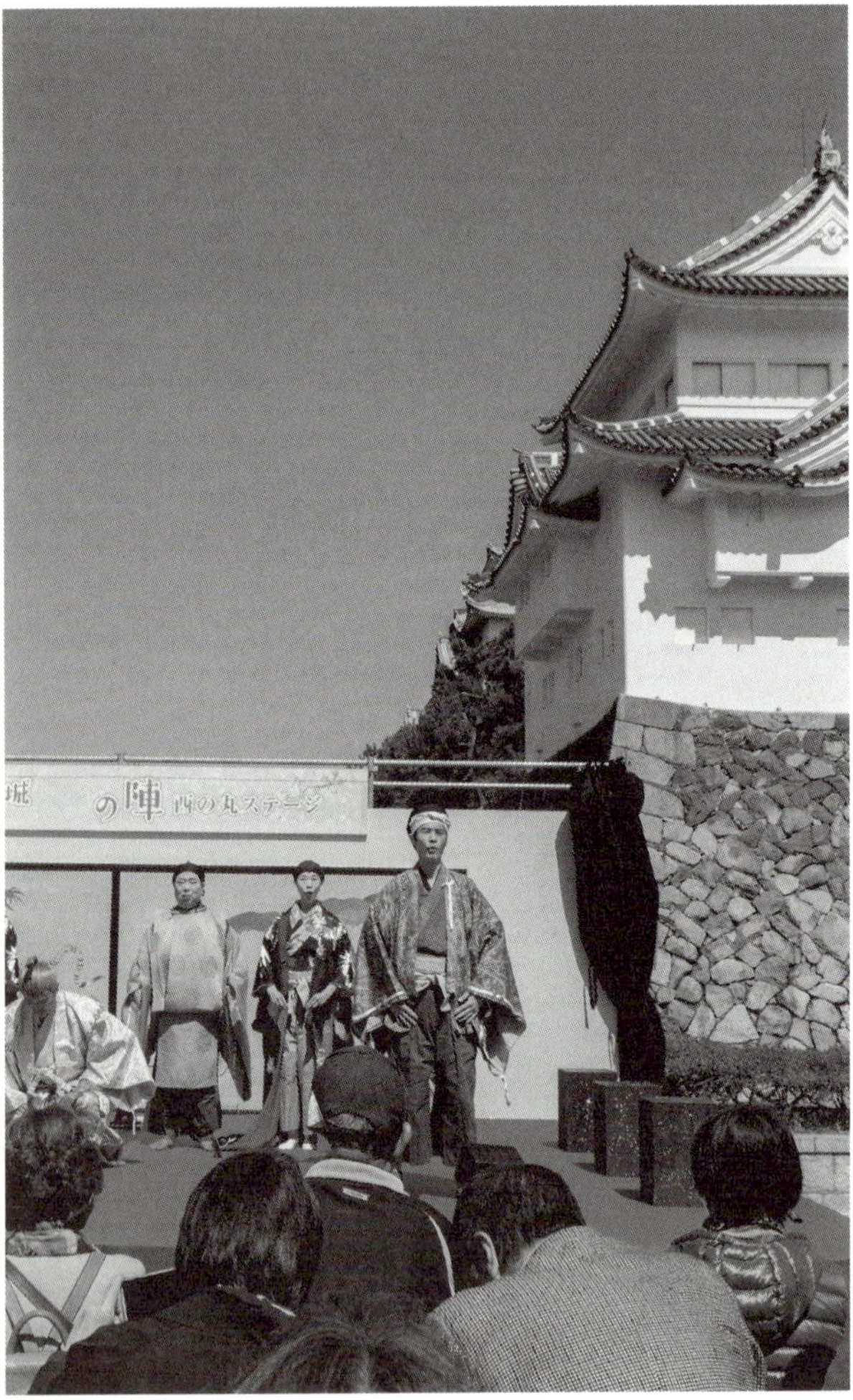

※解答は84ページ

▼本題②

通天閣（大阪）

信頼の日立グループ
日本一の串かつ
横綱
酒処
日本一の串かつ
横綱
づぼらや
名物てっちり
名物てっちり
名物てっちり
づぼらや本店

※解答は85ページ

▼本題③

博多祇園山笠（福岡）

※解答は85ページ

▼本題④

八坂の塔(京都)

▼本題④

※解答は86ページ

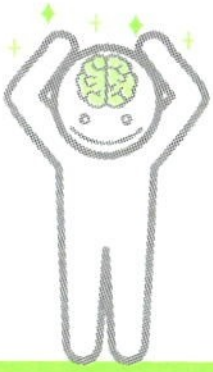

2-2
問題を解き終わったら

いかがでしたか。通常の間違い探しとは違ってやりごたえがあったのではないでしょうか。

このような問題では、一気に風景のすべてを覚えるのも大変なので、いくつかのパートに区切って、そのパート毎に間違いがあるかどうかを調べるのがおすすめです。もちろん記憶力アップのためには、すべて覚えてからページをめくるのが良いのですが、いきなりは難しいと思ったら、小さな範囲から始めて、それを拡げていくのが覚えやすいでしょう。

▼解答

例題▶

◀本題①

▼解答

本題② ▶

◀本題③

▼解答

本題④▶

第3章

名前記憶トレーニング

3-1 やり方と注意点

やり方

人の名前を覚えたり、顔と名前を一致させる問題です。まず30秒を目安に問題にある名前を覚えたら、該当ページの設問に解答してください。例題のみ、すぐ下に設問があります。

身につくこと

同時にたくさんの人の名前が覚えられたり、出会った人の特徴に気づく力が鍛えられます。

▼例題

まえじまりょう

田村正吉

二階堂薫

▼設問

2番目に出てきた人の下の名前は何でしたか?

▼本題①

山田博史

黒川泰三

田中好子

※設問は94ページ

▼本題②

近藤義男

ケイト・フジモト

※設問は95ページ

アントニオ・ヴァッティモ

このえふみまろ

張孫瑛《ちようそんえい》

安田重信

キリル・スミルノフ

※設問は96ページ

▼本題④

岡　隆恒

吉田邦夫

今田幸平

※設問は97ページ

❶2番目に出てきた男性の下の名前は何でしたか。

❷3番目に出てきた女性の名前の苗字を「加藤」に変えてフルネームを書いてください。

※問題は90ページ／解答は99ページ

▼設問②

❶問題の中に女性がいました。その人の名前をフルネームで書いてください。

❷近藤義男さんの鼻はどれでしょう。

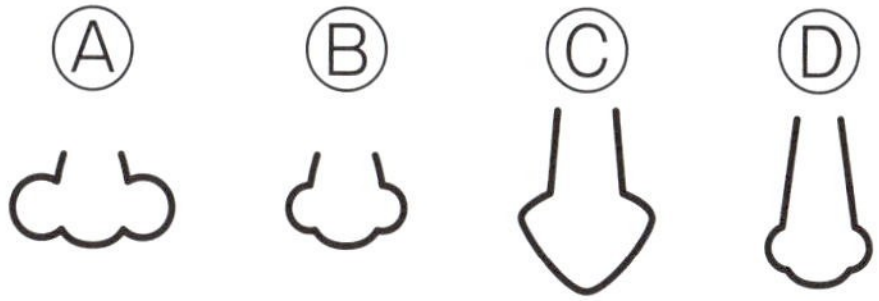

※問題は91ページ／解答は99ページ

❶3番目に出てきた女性の名前の読み方をひらがなで書いてください。

❷5番目に出てきた人の名前は何でしたか。フルネームで書いてください。

※問題は92ページ／解答は100ページ

▼設問④

❶この人の名前は何ですか。フルネームで書いてください。

❷吉田邦夫さんの特徴を2つ答えてください。

※問題は93ページ／解答は100ページ

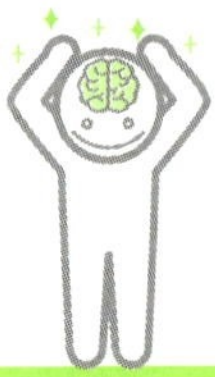

3-2
問題を解き終わったら

人の名前には、本来、意味があるものですが、多くの人と会っていると、それがただの文字の羅列のように思えてくることがあります。もちろん、その人と実際に付き合いがある場合は記憶に残りますが、名刺などで名前だけを見る場合や何かのついでに紹介を受けた程度だと、注意や興味も向きにくく、記憶しづらいものです。このような状態では、その名前やご本人についての想像を膨らませるのが良いのです。そうすることで、ふとしたきっかけで想像力をたくましくしたり、意味が感じられない文字の羅列を記憶したりすることに応用が利くでしょう。

▼解答

設問①▶
❶泰三
❷加藤好子

設問②▶
❶ケイト・フジモト
❷Ⓐ

▼解答

設問③▶

❶ちょうそんえい
❷キリル・スミルノフ

設問④▶

❶今田幸平
❷・口を開けている
・襟つきのシャツを着ている
・眉毛が下がっている
・髪の毛がフサフサしている……など

第4章

ピープ連想トレーニング

4-1 やり方と注意点

やり方

問題は、ある漢字やイラストを表したものです。記憶を辿って当てましょう。例題、本題①、本題②は漢字一文字、本題③は二文字、本題④は四文字、本題⑤はイラストになります。

身につくこと

自分の記憶を辿り、ああでもない、こうでもないと考えることで、知識を整理する力、アウトプットする力が鍛えられます。

▼例題

※解答は110ページ

▼本題①

ヒント：私たちが年中お世話になっている植物

※解答は110ページ

▼本題②

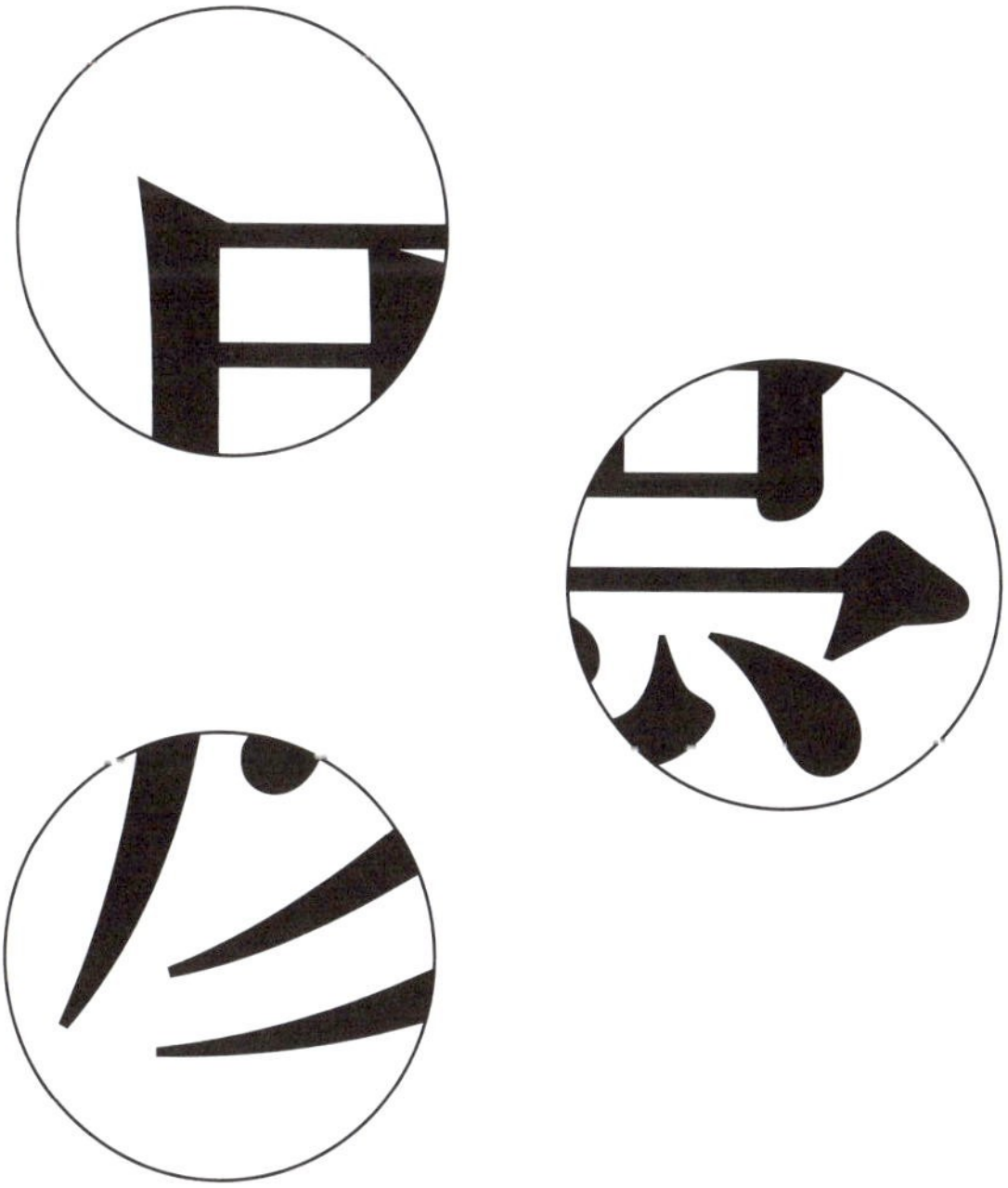

ヒント：新年のあいさつなどで使う漢字

※解答は110ページ

▼ 本題 ③

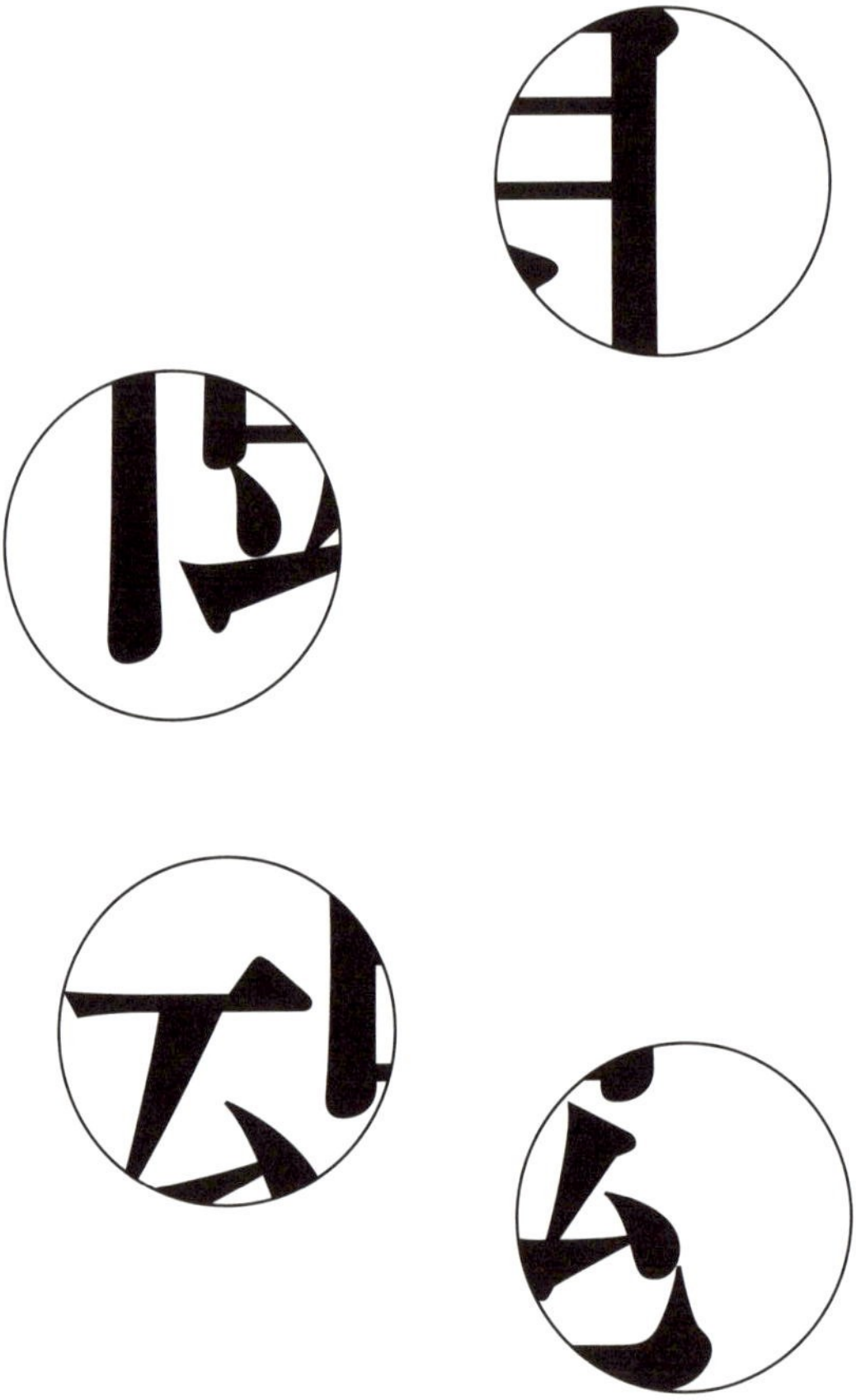

ヒント：二字／勝負するときに持っておきたいもの

※解答は111ページ

▼本題④

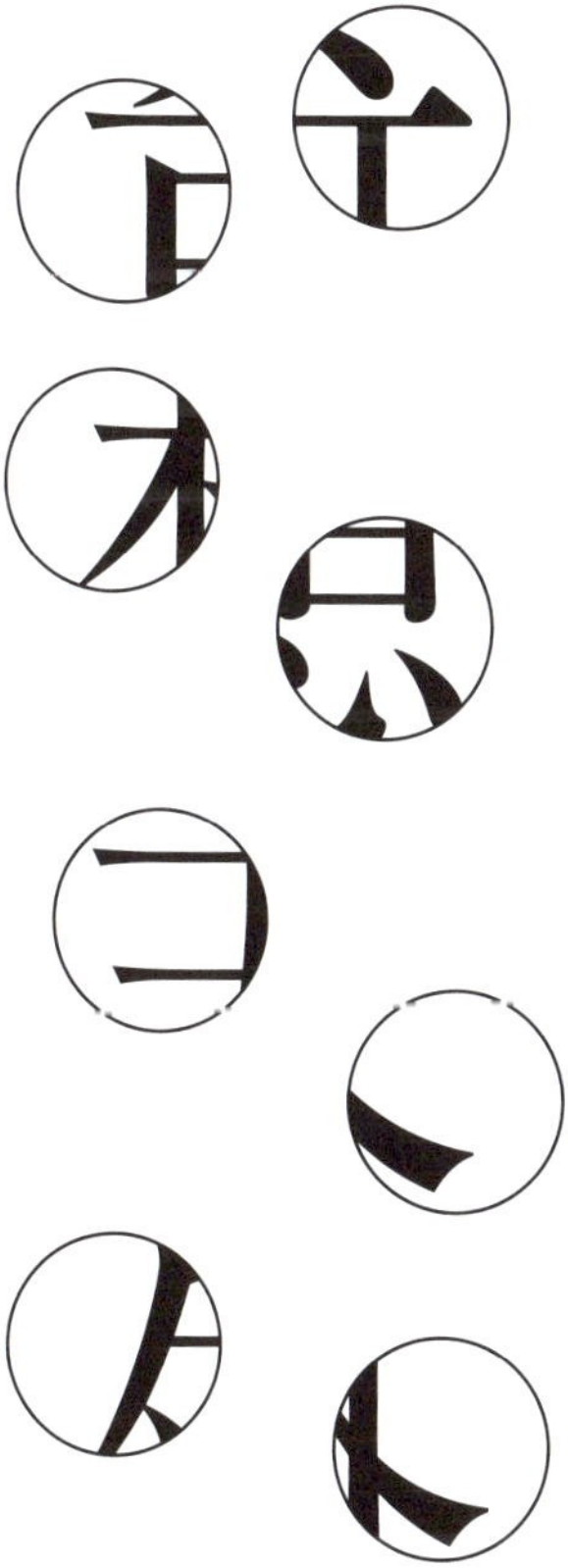

ヒント：四字

※解答は111ページ

▼本題⑤

ヒント：室内でも飼える動物です

※解答は111ページ

4-2

問題を解き終わったら

この章の問題は、漢字やイラストの一部を見て全体を連想するというものでした（章タイトルにあるピープとは「のぞく」という意味です）。少しの手がかりから脳の中にある記憶情報を引き出して正解を探すのは、記憶の「想起」のステージそのものです。これがうまく働かない状態は「ど忘れ」なので、このドリルをし続けると、記憶を想起する力が鍛えられて「ど忘れ」もしにくくなることが期待できます。漢字を覚えるときや人物や動物、風景を目の前にしたときには、全体のみならず細部にも注意を向けて、特徴をつかむようにすると良いでしょう。

解答

永

稲

慶

◀例　題

◀本題①

◀本題②

▼解答

闘魂

◀本題③

天奇
外想

◀本題④

◀本題⑤

Column
02

いまや日本は〝睡眠不足〟大国といわれます。寝るのがもったいなくて夜中まで起きているのであれば、考え方や生活習慣を変えていけばよいのですが、「疲れているんだけど、なんか眠れない」や「眠っているはずなのだけど、起きても疲れが取れてない」となると、ゆゆしき問題です。眠りは私たちに必須の生理現象です。睡眠の目的は、脳や身体の疲れを取るためだけでなく、脳に記憶を定着させることでもあります。
私たちは、脳の松果体《しょうかたい》という場所からでメラトニンと呼ばれるホルモンが分泌されることで眠気を覚えます。朝起きて夜眠る生活サイクルでは、深夜にさしかかった辺りでメラトニンが分泌されて眠る準備を進めるのです。

このように、眠気は１日のリズムの中で自然と現れるものですが、近年の生活環境ではそれを妨げるものも多くなってきます。たとえば、パソコンやスマートフォン(以下スマホ)です。パソコンやスマホの画面から発せられているブルーライトを眼が浴びると、その情報は脳に入り、メラトニンの分泌が抑えられてしまいます。寝る直前までパソコンを使っていたり、ベッドでスマホを眺めているのは、「眠りたくない！」といっているのと同じことなのです。きちんと睡眠をとりたければ、眠るための準備も必要です。夜になったら、パソコンやスマホはなるべく使わないようにして、明かりのトーンを少し下げた部屋でゆったりと過ごすのが良いのです。

第5章

イラスト×計算トレーニング

5-1

やり方と注意点

やり方

イラストや数字を覚える問題です。計算式が出てきたら、その答えもあわせて覚えてください。まず30秒を目安に覚えてから、該当ページにある設問に答えます（例題のみ、すぐ下に設問があります）。

身につくこと

イラストや数字を覚えることと計算することを同時に行うことで、ワーキングメモリが鍛えられ、記憶力アップに効果があります。

▼例題

15

6

▼設問

❶ 問題に出てきた数字を足したらいくつになるでしょう。

❷ 上から3番目には何が書いてありましたか。

※解答は125ページ

▼本題①

5

$12 + 2 = \square$

※設問は120ページ

▼本題②

$1 \times 2 \times 5 = \square$

$20 - 5 = \square$

$8 \div 4 = \square$

※設問は121ページ

▼本題③

74

29

$37 - 5 = \square$

※設問は122ページ

▼本題④

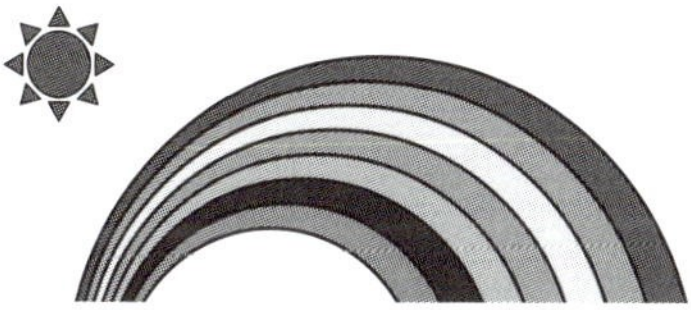

857

$$33 \times 5 = \square$$

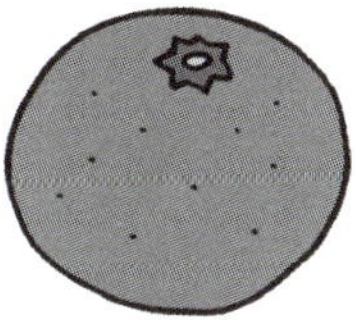

6

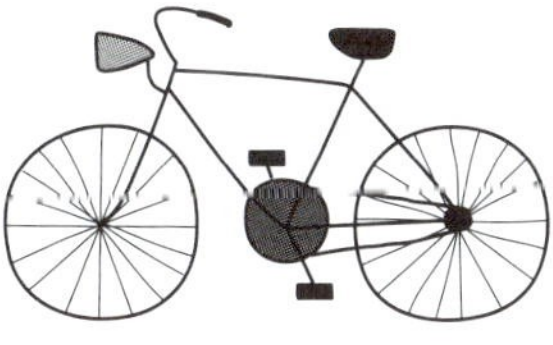

※設問は123ページ

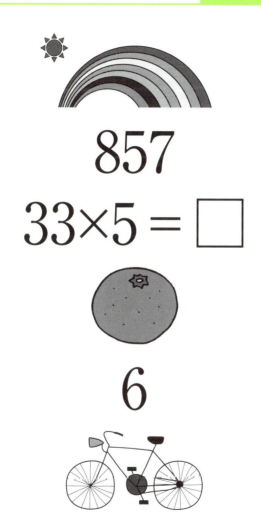

▼ 設問①

❶上から1番目にある数字と3番目に出てきた計算式の答えを足すと、いくつになりますか。

❷上から4番目にあった食べ物は何ですか。

※解答は125ページ

▼設問②

❶下記の中で、問題になかった食べ物はどれですか。

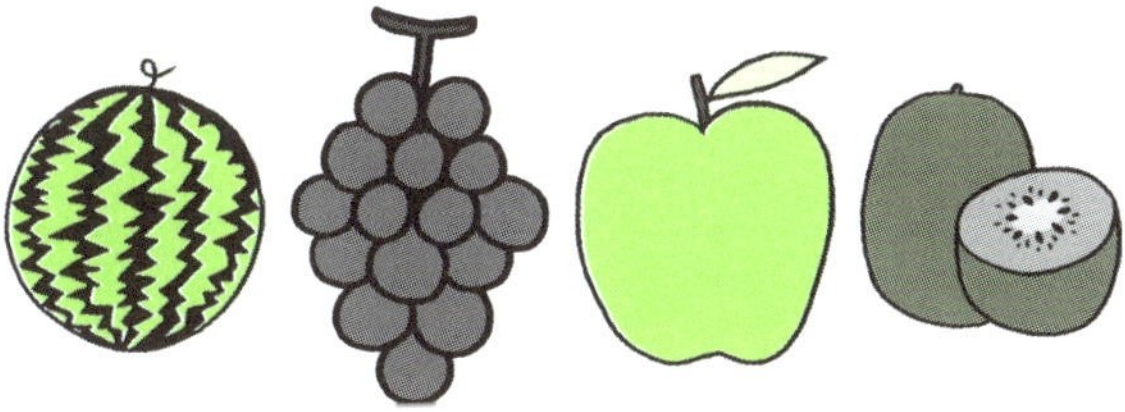

❷上から1番目にある計算式の答えは何ですか。

※解答は125ページ

▼設問③

❶上から3番目の数字と5番目の計算式の答えを足すといくつになりますか。

❷上から2番目のイラストにある野菜は何ですか。

※解答は126ページ

▼設問④

❶上から2番目にある数字を1ケタに分解してそれぞれを足すといくつになりますか。

❷上から5番目の数字のつく月には、他の月のカレンダーにあるものがひとつもありません。何がないのでしょうか。

※解答は126ページ

5-2
問題を解き終わったら

この章の問題は、イラストだけでなく数字も一緒に覚えるというものでした。違う種類のものを記憶するのは案外難しく感じたのではないでしょうか。さらに、計算式が出てきたり、設問ではそれに関連して再度計算することが求められたりと、記憶と計算の2つのことをしなければなりませんでした。

このように異なる2つの作業を同時に行うことは「二重課題」と呼ばれ、人間の脳には難しい課題だといわれています。計算しながら記憶するのが難しいときは、計算式を「式のまま丸ごと」覚えて、後から計算するのも良いでしょう。

▼解答

例題▶

❶21

15+6=21

❷パイナップル

本題①▶

❶19

1番目は5、
2番目は12+2=[14]なので、
5+14=19

❷メロン

本題②▶

❶スイカ

❷10

1番目は1×2×5=[10]

※その他の問題
20−5=[15]
8÷4=[2]

本題③▶

❶61

3番目は29、
5番目は37−5=32なので
29+32=61

❷ブロッコリー

本題④▶

❶20

2番目にある数字は857。
分解すると、8、5、7なので
8+5+7=20

❷祝日

第 6 章

地図記憶トレーニング

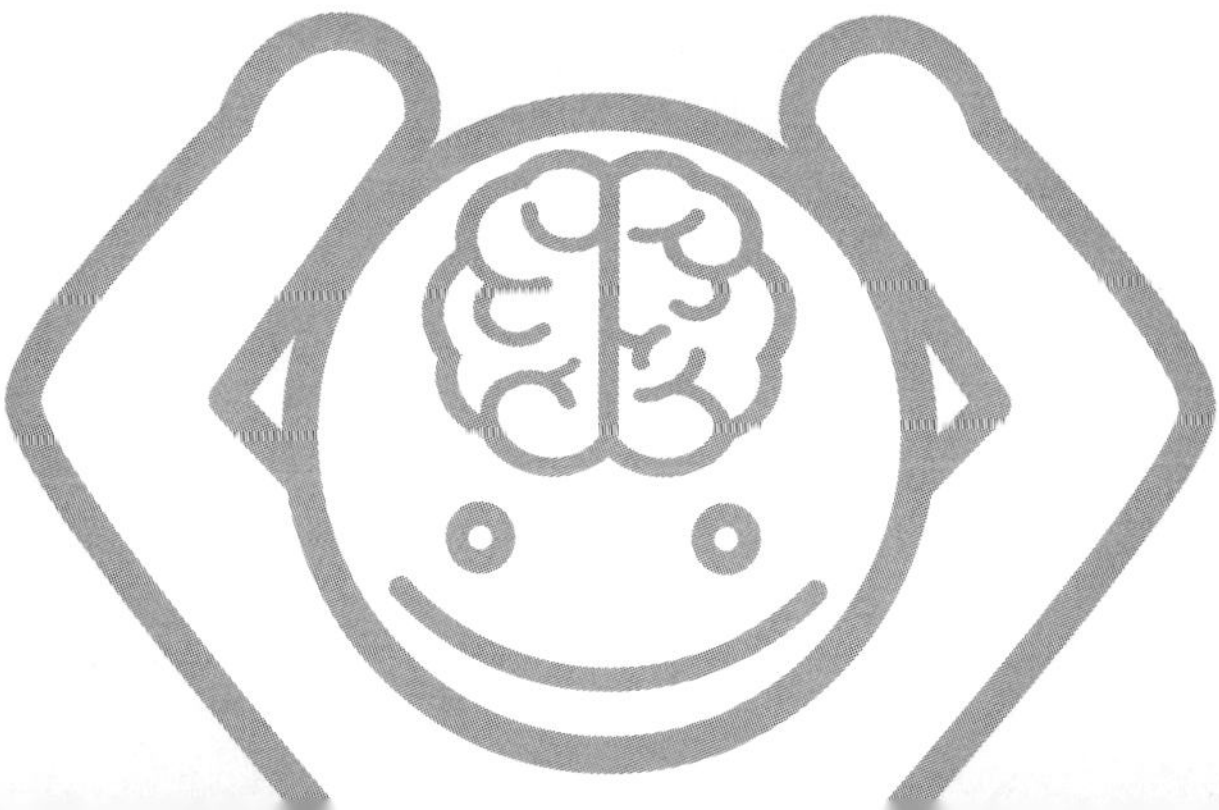

6-1

やり方と注意点

やり方

左にある地図を見てから、後の設問に答えてください。地図を見る際は、登場人物やお店のある場所などを意識すると後の設問に答えやすくなります。本題の地図を見る時間の目安は30秒ですが、最初は自分のペースで見ましょう。

身につくこと

地図を覚えることで情景などをイメージする力が鍛えられ、設問にある文章の理解力や記憶力アップに効果があります。

▼本題

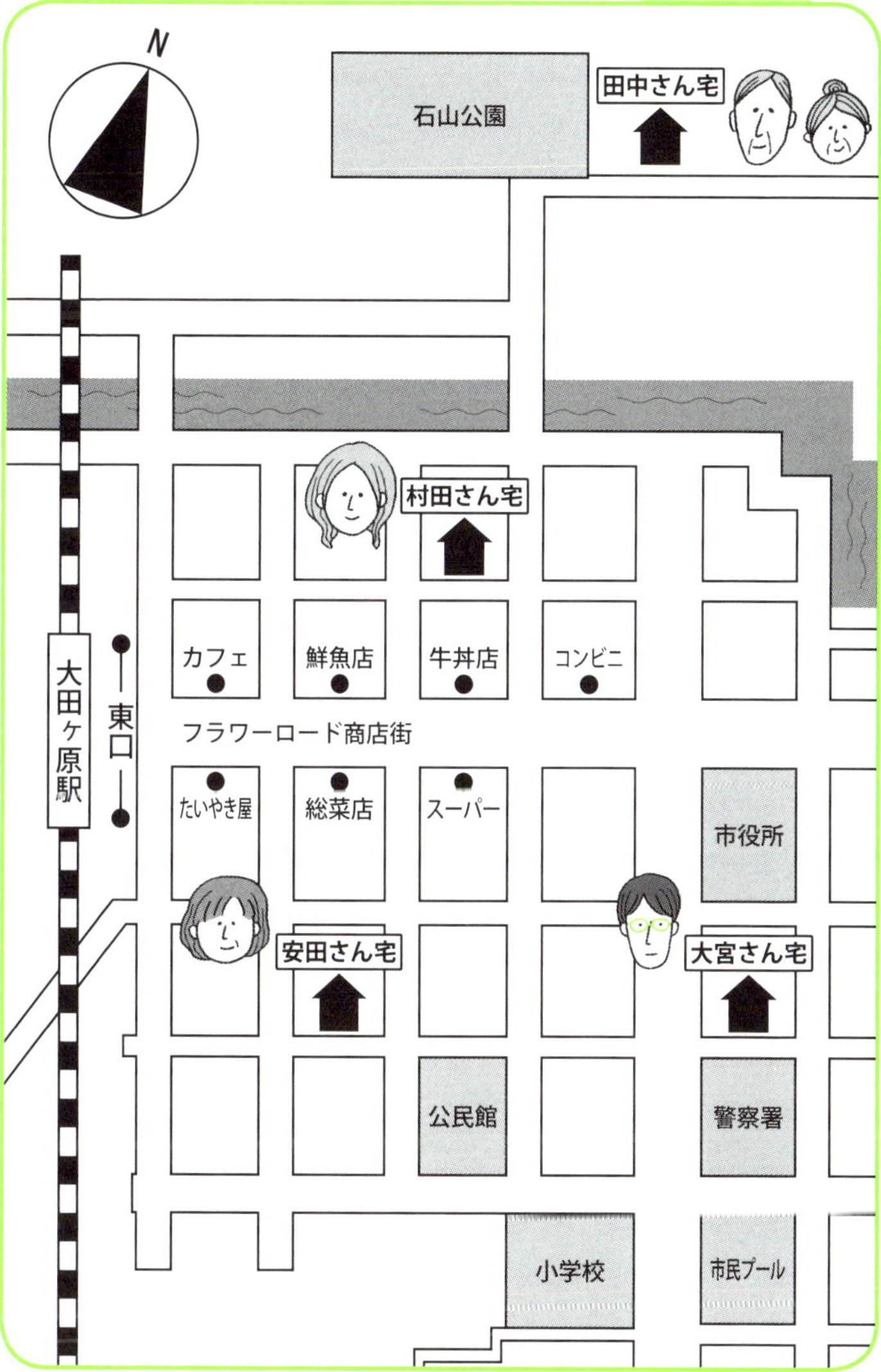
N
石山公園
田中さん宅
村田さん宅
カフェ
鮮魚店
牛丼店
コンビニ
大田ヶ原駅
東口
フラワーロード商店街
たいやき屋
総菜店
スーパー
市役所
安田さん宅
大宮さん宅
公民館
警察署
小学校
市民プール

▼設問①

田中さんの家は、大田ヶ原駅東口を出てすぐの道を左に進み、１つ目の交差点を右折、そのまま真っすぐ進み、３つ目の交差点を左折して北のほうに歩くと見える、石山公園の右隣にあります。

どのような経路をたどるか、また、田中さん宅の場所はどこにあるかを思い出して、133ページの図に書き込んでください。

※経路を書き込む地図は133ページ

▼ 設問 ②

大宮さんは、市役所の向かいに住んでいます。
次のうち、大宮さんはどれだったでしょう。

❶

❷

❸

❹

※解答は136ページ

❶小学校の、道を挟んだ目の前にあるのは次のうちどれでしょう。

Ⓐ 市役所
Ⓑ 市民プール
Ⓒ 公民館
Ⓓ 警察署

❷大田ヶ原駅東口を出てすぐのフラワーロード商店街に、人気の牛丼店があります。牛丼店が面している通りにある店は、下記のうちどの順に並んでいるでしょうか。駅から近い順に並んでいるものを選んでください。

Ⓐ 牛丼店／コンビニ／カフェ／鮮魚店
Ⓑ コンビニ／カフェ／鮮魚店／牛丼店
Ⓒ カフェ／鮮魚店／牛丼店／コンビニ
Ⓓ 鮮魚店／牛丼店／コンビニ／カフェ

※解答は136ページ

郵便はがき

料金受取人払郵便

日本橋局
承　　認

9449

差出有効期間
平成30年3月
21日まで

切手をお貼りになる
必要はございません。

1 0 3-8 7 9 0

953

中央区日本橋小伝馬町15-18
常和小伝馬町ビル9階
総合法令出版株式会社 行

本書のご購入、ご愛読ありがとうございました。
今後の出版企画の参考とさせていただきますので、ぜひご意見をお聞かせください。

フリガナ お名前	性別 男・女	年齢 歳
ご住所　〒 TEL　(　　)		
ご職業　1.学生　2.会社員·公務員　3.会社·団体役員　4.教員　5.自営業 6.主婦　7.無職　8.その他(　　)		

メールアドレスを記載下さった方から、毎月5名様に書籍1冊プレゼント!

新刊やイベントの情報などをお知らせする場合に使用させていただきます。

※書籍プレゼントご希望の方は、下記にメールアドレスと希望ジャンルをご記入ください。書籍へのご応募は1度限り、発送にはお時間をいただく場合がございます。結果は発送をもってかえさせていただきます。

希望ジャンル：☐ 自己啓発　☐ ビジネス　☐ スピリチュアル

E-MAILアドレス　※携帯電話のメールアドレスには対応しておりません。

お買い求めいただいた本のタイトル

■お買い求めいただいた書店名

（　　　　　　　　　　　）市区町村（　　　　　　　　　　　）書店

■この本を最初に何でお知りになりましたか

□ 書店で実物を見て　□ 雑誌で見て（雑誌名　　　　　　　　　）
□ 新聞で見て（　　　　　　　新聞）　□ 家族や友人にすすめられて
総合法令出版の（□ HP、□ Facebook、□ twitter）を見て
□ その他（　　　　　　　　　　　）

■お買い求めいただいた動機は何ですか（複数回答も可）

□ この著者の作品が好きだから　□ 興味のあるテーマだったから
□ タイトルに惹かれて　□ 表紙に惹かれて　□ 帯の文章に惹かれて
□ その他（　　　　　　　　　　　）

■この本について感想をお聞かせください

（表紙・本文デザイン、タイトル、価格、内容など）

（掲載される場合のペンネーム：　　　　　　　　）

■最近、お読みになった本で面白かったものは何ですか?

■最近気になっているテーマ・著者、ご意見があればお書きください

ご協力ありがとうございました。いただいたご感想を匿名で広告等に掲載させていただくことがございます。匿名での使用も希望されない場合はチェックをお願いします☑
いただいた情報を、上記の小社の目的以外に使用することはありません。

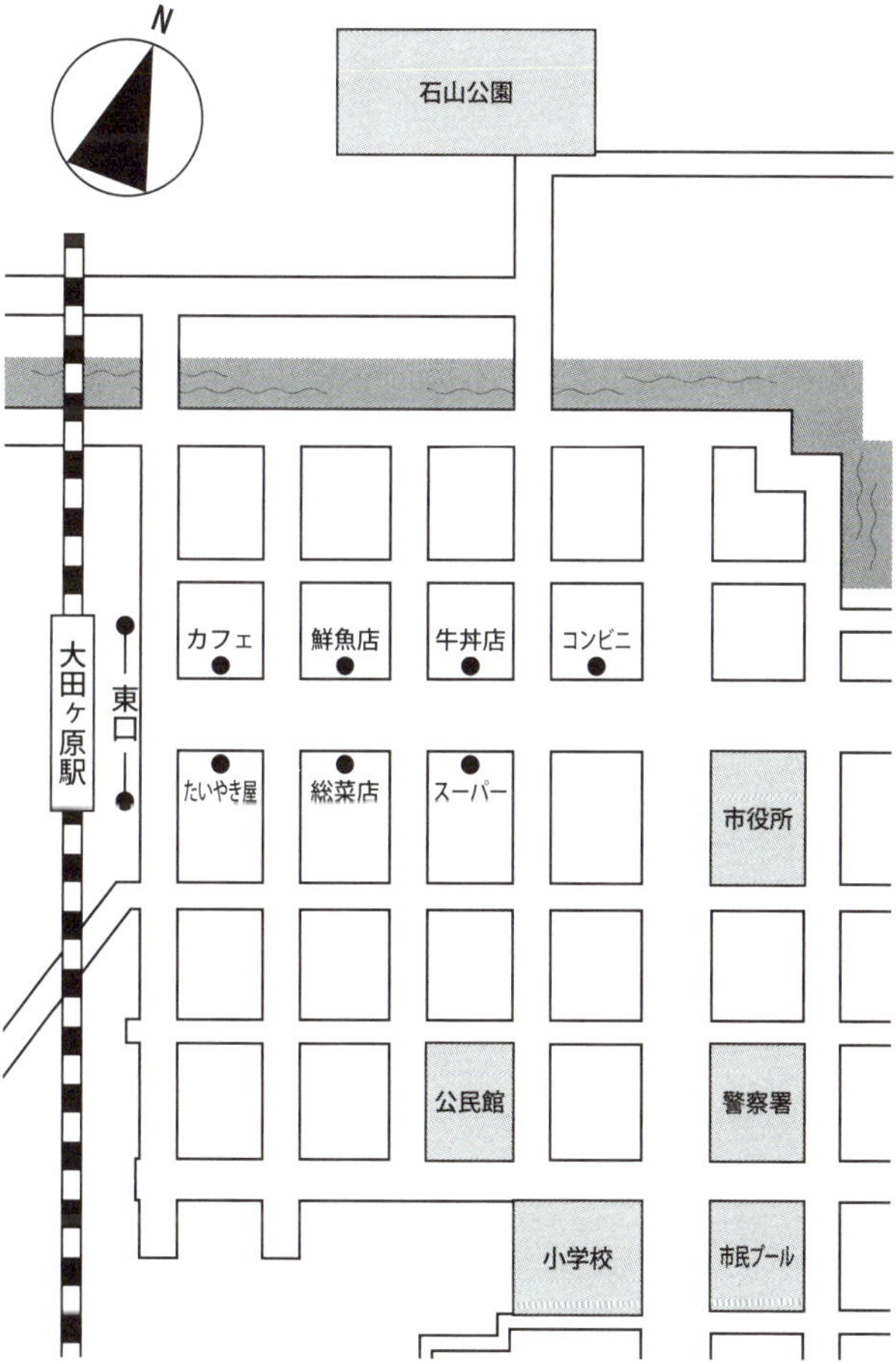
N
石山公園
大田ヶ原駅
東口
カフェ
鮮魚店
牛丼店
コンビニ
たいやき屋
総菜店
スーパー
市役所
公民館
警察署
小学校
市民プール

※解答は135ページ

6-2 問題を解き終わったら

方向音痴という人をよく見ていると、どうも行動が原因のように思えます。地図を見て、自分の目の前の景色と照らし合わせることは難しいと感じる人も、どの道のどこの角を曲がるとどこに着くか、はわかると思います。

方向音痴という人は、よく道順に明るい人の背中を追いかけて目的地に着いているといいます。これでは、その人の背中は覚えていても、道順は覚えられません。間違ってしまっても、**自分でトライした経験はエピソードとして記憶されます。そうすると、正しい道順を覚えやすくなる**のです。

解答

設問①

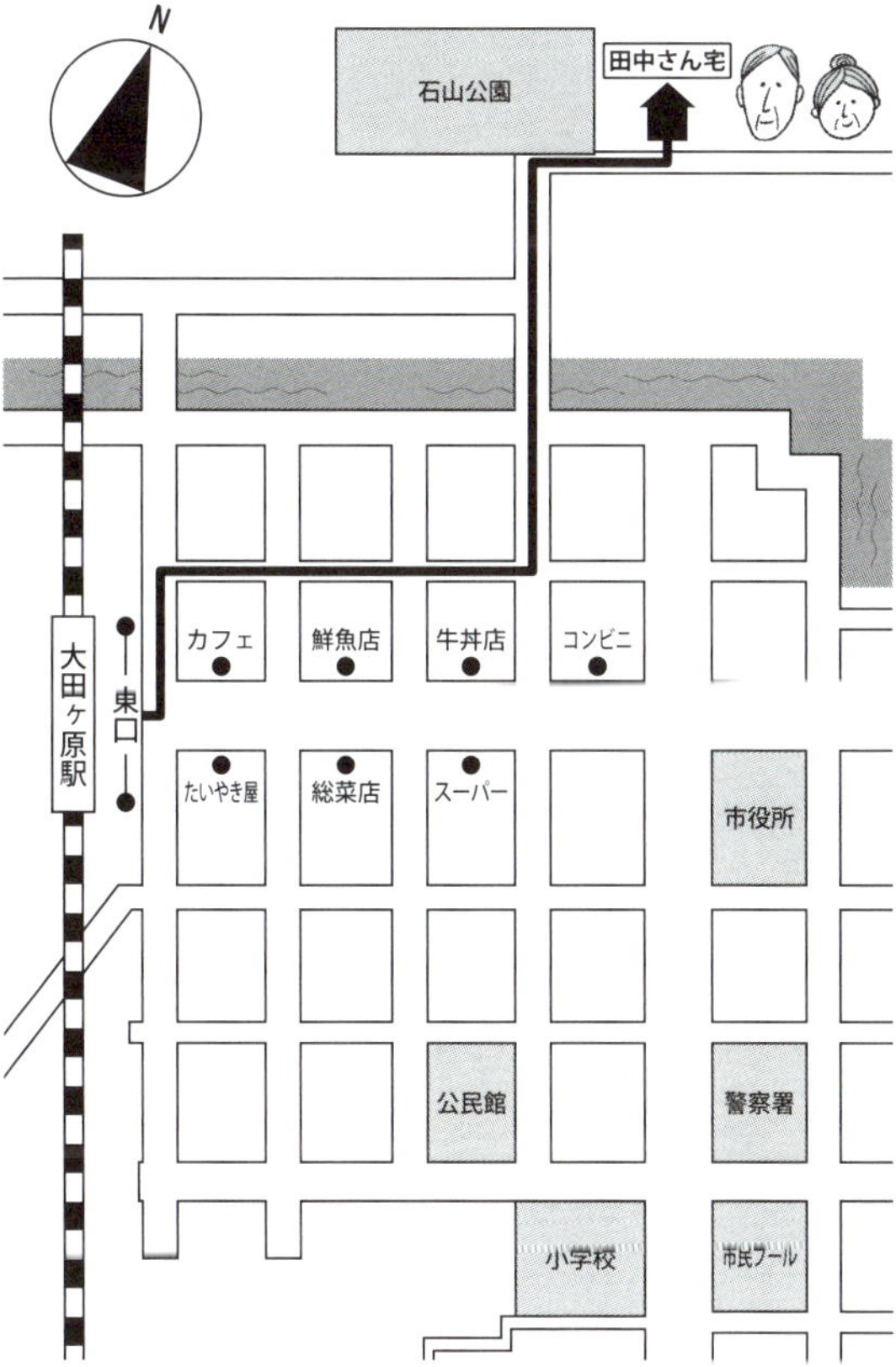
N
石山公園
田中さん宅
大田ヶ原駅
東口
カフェ
鮮魚店
牛丼店
コンビニ
たいやき屋
総菜店
スーパー
市役所
公民館
警察署
小学校
市民プール

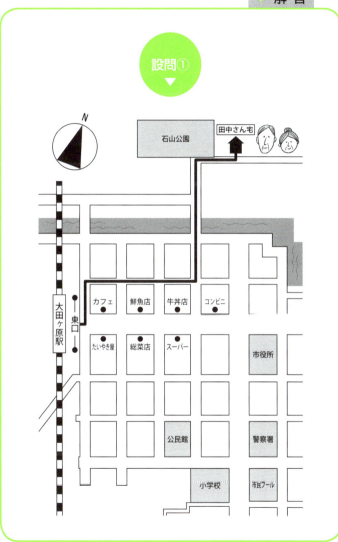

▼解答

設問②▶ ❹

設問③▶ ❶Ⓑ市民プール
❷Ⓒカフェ／鮮魚店／牛丼店／コンビニ

第7章

記憶を定着させる習慣

7-1
記憶力をアップさせたいなら、いつもと違うカフェに行こう

好奇心は記憶のエネルギー源

カフェで本を読んだり勉強をしたりするのは、もはや日常の風景になったでしょうか。ひと昔前には、「カフェ」と聞いただけで気持ちが華やいだという人もいたものです。

「その場所が好きだ」と思ったり、好奇心が高まると、気持ちが華やいだり色めき立ったりします。

このようなときには、脳の中では記憶ができやすくなるように準備が進んでいます。特に、**新しい場所へ足を運んだときの好奇心は記憶力に大きく影響する**のです。

となると、記憶力をアップさせるには、気に入った「いつもの」場所で気分良く時間を過ごすことも良いのですが、**まだ行ったことのないような新しい場所に足を向けることが、記憶の新しい扉を開く方法となります**。

新しい場所に身を置いたとき、私たちは本能的にその場所が自分にとってどんな場所なのか、知ることを最優先させます。もしかしたらそこは危険な場所かもしれない、とか、逆に、案外楽しいことが転がっているかもしれない、といったことを確かめるために、まずどんな場所なのかという情報を得ようとするのです。

そのためには、**その場所にあるものや状況に注意を向けることから始めます**。「ここはどんなところだろう」とか「周囲の人はどんな人だろう」といった、好奇心とも警戒心とも取れる感情が湧き出ているときには、脳では、ドーパミンやノルアドレナリンが分泌されています。

ドーパミンは第1章でも触れたように、記憶力アップにつながる物質です。一方のノルアドレナリンは、脳の覚醒度をアップさせたり、記憶力をアップさせたりします。

転職や引っ越し、クラス替えなどで新しい環境に身を置く機会があると、期待感と緊張感から、これらの物質が脳で適度に増えてきて、記憶に残りやすい状態になっていきます。

脳がすすんで記憶したがる情報とは？

ところで、勉強したことなどは、せっかくなら脳の中にずっと留まっていてほしいものだと思います。脳で記憶が作られるときに海馬がよく働いていると、長期間続く「長期記憶」として脳に刻まれていくので、ここはぜひとも海馬に頑張って働いてもらいたいところです。

しかし、海馬には日夜、目まぐるしい量の情報が入ってきています。脳の容量には限りがありますから、海馬はどの情報を残すかという「基準」となるキーワードを持っています。そして、第1章の1－2でも触れたように、この基準にかなう情報のみを効率良く選んでいるのです。

そのキーワードとは、「**必要**」と「**重要**」です。このような情報が入ってきたときに海馬の活動性が高まって、〝エンマさま〟が優先的に記憶として残していこうとします。

〝エンマさま〟にとって「必要な情報」とは、くり返し脳に入ってくるものです。その環境で必要ならば、何度も頻繁にその情報に触れることになるでしょう。つまり、**必要な情報とは「くり返し触れている情報」**なのです。

感動は「記憶のスイッチ」を入れる

もうひとつの「重要な情報」とは、どのようなものでしょうか。

重要な情報には強い感情を伴います。驚いたり、喜んだり、悲しんだり、といった感情が動く場面は、出会う回数は少なくても、その環境で生きていくためには重要なイベントであることが多いものです。そのような場面を記憶に残しておかないと、次に同じシーンに出会ったときに、より良い考えや行動が取れなくなってしまうかもしれません。そのため、**感情豊かな体験をした場面では、海馬の働きが高まっている**のです。

そのような意味でも、冒頭で書いた「新しいカフェ」には、海馬を活性化させて記憶力をアップさせるための魅力が散りばめられています。

いつもと違うカフェに入ったときには、目新しさなども手伝って、感情豊かな体験をしています。**感情が伴った情報では、海馬も活性化して「記憶のスイッチ」**

が入ることから、それを長期の記憶として脳に刻んでいこうとします。

自分がよく知らないような新しい場所に身を置くことで、海馬の活動は高まります。カフェに限らず、転職や引っ越し、クラス替えで新しい環境を得たときにも、同じように海馬の働きが良くなっているのです。

適度な緊張感も記憶力を底上げする

記憶力をアップさせるノルアドレナリンは、あまり多くなると緊張が高まり、不安やイライラすることに繋がるものなので、精神的なストレスを高めてしまいますが、適量であれば良い効果が目立ちます。やはり、**適度な緊張感があるほうが、記憶をするときには良い**のです。

このような状態は集中力が高まって、外からの情報を受け入れやすくなっているからです。転職やクラス替えのタイミングはチャンスです。それまでとは違う新しい環境で新しいことに挑戦すれば、記憶力がアップしていくことでしょう。

7-2 ファストフードと脳の微妙な関係

寿司やそばもファストフードだった

この本の読者のみなさんは、毎日忙しく過ごしている人も多いことでしょう。忙しすぎて、もう脳が満タン、記憶力の衰えも感じる、という人もいるのではないでしょうか。

しかし、忙しさにかまけて、ゆっくりと食事を摂る時間の余裕も心の余裕もない、食事はもっぱら便利なファストフードで済ましている、なんてことになってはいませんか。食事の時間を節約してその分を脳のトレーニングに使ったほうが記憶力もアップしそうだ、なんて考えていないでしょうか。

ファストフードというと、〝欧米風の生活スタイル〟というイメージがつきまとうことから、「日本食はヘルシーフードで、欧米食は不健康」という単純な図式も受け入れやすいものです。

しかし、日本が誇る「寿司」や「そば」も、かつては立派なファストフードでした。お寿司屋でゆっくり過ごすというと、今や高級な食事を摂っているように思えますが、起源をたどると、かつてはさっと食べるために作られたファストフードだったのです。

ファストフードの台頭で、現代人はあまり噛まなくなった

一般的にファストフードの多くは、不健康な印象をもたれています。それは、身体の健康に悪影響を及ぼしているだけでなく、実は、脳の健康にも〝魔の手〟を

伸ばすことが知られてきているからでしょう。

ファストフードには、ハンバーガーやサンドイッチなどの柔らかいものが多く、あまり噛まなくても飲み込めることから、短い時間で満腹になれる〝お得感〟があります。日本にも、そばのように〝ずずっ〟とするのが粋、という伝統的な食文化があるのですが、現代のほうがファストフード全盛のイメージでしょう。

特に現代人は、あまり噛むことをしなくなったようです。よく、「食事はひとくち30回」といわれますが、頭でわかってはいても、毎回毎回、これを意識的にできる人は少ないのではないでしょうか。現代人は、一回の食事で噛んでいる回数が620回程度とのことです。そばが広まった江戸時代でも、1500回と言われているので、随分と少なくなったものです。

ガムやするめイカで記憶力アップ！

よく噛むことで、脳に大きく影響を与えることが知られています。マウスを使った実験で、エサを固形物にした場合と粉末にした場合では、粉末エサばかり食べていたマウスの海馬では、新しく生まれたニューロンの数が25％も減っていたとのことです。

では、私たち人間の場合はどうでしょうか。

人は、歯と歯茎の間にある歯根膜《しこんまく》が噛んだ物の硬さや厚みなどを感じて、脳へ情報を送っています。

たとえば口の中に髪の毛が入っただけでも違和感を感じるように、歯根膜のセンサーは敏感で5ミクロン（1000分の5ミリ）の厚みの違いもわかるとのこと。この歯根膜が感じ取った情報や噛むときの咀嚼《そしゃく》筋が動いたときの情報が脳へ送られると、海馬や前頭前野など、記憶に関連する脳部位を活性化するといわれています。ですから、**ガムやするめイカなど、歯ごたえのあるものを噛み続けていると、記憶力アップにつながる**のです。

筋トレが記憶力に良いのはなぜ？

ところで、ファストフードをあまり食べないという人の中には、食事に気をつけているだけでなく、自分の身体作りや健康管理にも意識を向けている人が多いようです。

みなさんも、筋トレで身体を鍛えていたり、ウォーキングなどをしているでしょうか。ウォーキングは有酸素運動の代表格。もちろんジョギングやエアロビクスも有酸素運動です。

このような運動や筋トレをしていると、筋肉からイリシンと呼ばれるホルモンが分泌されるようになってきます（図6参照）。イリシンの語源は、ギリシャ神話に出てくる「虹の女神・イーリス」だとされています。背中に翼を携えて重要なメッセージを伝えた姿が描かれていますが、イリシンのイメージそのものといえるでしょう。

図6　記憶力アップとウォーキングの関係性

ウォーキングをすると……

↓

筋肉から「イリシン」と呼ばれるホルモンが分泌される

↓

脳でBDNF（脳由来神経栄養因子）が増加

↓

海馬で新しいニューロンが増えて……

↓

記憶力アップ!!

というのも、運動により増えたイリシンは、脳で「BDNF（脳由来神経栄養因子）」と呼ばれる物質を増やすことが知られているからです。BDNFは、海馬に働きかけて新しいニューロンを増やすことで、記憶力アップにつながると考えられています。まさに記憶にとっても重要なメッセージを伝えてくれているのです。

このように記憶力をアップさせるには、頭脳を鍛えるだけでなく、**食べ物に気を配ったり、身体を鍛えることで脳の状態を整えていくことも大切**です。もちろん、記憶力のトレーニングには、この本に出てくるような問題をくり返し解き続けることが有効です。

7-3 自分の「快感」ポイントを知っている人は記憶に強い

自分にとっての「ご褒美は何か」を想像しよう

記憶力をアップさせる秘訣、それは「やる気」になることです。これは第1章でも触れました。やる気になって脳の中でドーパミンが増えると、記憶力アップに繋がります。

大事なことなのでくり返しますが、**脳のドーパミンを増やすためには、自分にとって「報酬＝ご褒美」となるものを想像すること**です。それが、ドーパミン放出のスイッチを入れるのです。
「ご褒美」は、脳のドーパミンを増やして、それが手に入るときに快感や喜びを感じるような効果を持っています。つまり、自分自身の「快感ポイント」を知ることが、脳のドーパミンを増やすためには大切なことなのです。

脳のドーパミンは、報酬系の神経ネットワークの働きによって増えます。

ここからは、その神経ネットワークの性質について見ていきましょう。

報酬系の面白いところは、**報酬が手に入ると「期待している」ときに活動性が高まっている**ということです。実際に報酬を手に入れた後では、その活動性は低くなっているのです。つまり、**報酬系の役割は、報酬になるものを手に入れるために「やる気」を上げること、**とも言い換えることができるでしょう。

目標設定のコツは、「クリアできそうかどうか」

となると、脳のドーパミンを増やして記憶力をアップさせるためには、第1章でもお伝えしたように、記憶することで手に入る「ご褒美」を想像するのが特効薬になります。もちろん、何か新しいことを覚える、そのこと自体を「ご褒美」と考えても良いでしょう。

目の前に覚えたいことを並べて、「これを全部覚えよう！」と、その目標を達成した自分を想像することでも、やる気を高める報酬系は活発に働き出してくれます。

これは、**自分で目標のハードルを設定して、それを越えることで脳のドーパミンをコントロールすることができる**ということでもあります。

このとき設定する「ハードルの高さ」は、自分が頑張ってようやく超えることができるような高さがちょうど良いと言われています。

たとえば人の名前をすぐ忘れてしまう人なら、上の名前だけをまずは覚える、といったように、ちょっと背伸びして、頑張れば届くくらいの難しさを設定するようにします。こういったことの積み重ねが、脳の報酬系の活動を活発にする秘訣ということです。

自分の「めいっぱい」の程度は、自分自身にしかわからないものです。自分の脳のコントロールをするためにも、**自分で目標設定することが重要**です。

何をするにも大切な「その気」とは？

記憶に限らず、「やる気」は何をするにも必要なものです。そして、それと同じくらいに大切なのが、**「その気」になること**です。

ここでいう「その気」とは、自分がそのことを「できる！」と思う自信のようなものを指します。**「したい！」と思うことを「できる！」と思いながらやることで、はじめて良い結果になる、ということが意外に多く見られます**（図7参照）。

この「その気」は、学術的には「セルフ・エフィカシー（自己効力感）」と呼ばれています。目の前にあるハードルを自分が越えることができるという「成功イメージ」を持てるかどうかの心理的な指標になるものです。

図7　記憶力をアップさせる秘訣

自分にとっての「ご褒美」を想像する

↓

脳の中のドーパミンが増える

↓

記憶力がアップする！

いくら「やる気」があっても、「その気」が高まっていないと、結果が出せずに空回りする場面がよくあります。「その気」は結果をイメージしたものなので、具体的な目標設定をし、達成することを意識していないと高まりません。ただ漠然と「やる気」に満ちていても、エネルギーを向ける方向が間違ってしまうと良い結果にならないことは、想像にやすいことだと思います。

何かを覚えるときも同じです。具体的なハードルを設定して、それを越えることで、長期の記憶として脳に刻んでいくときには、やはり「やる気」と「その気」の両方が必要です。

記憶力アップのカギとなる「その気」を高めるには？

それでは、「その気」、すなわち「セルフ・エフィカシー」を高めるためにはどのようにすれば良いのでしょうか。

読者のみなさんも、ここで少し「自分ならやれる！」と、その気になる場面を思い起こしてみてください。

その気を高めるために一番影響力が強いのは「**成功体験**」です。これは自分自身が成功してきたことが大切です。今までも越えてきたハードルならば、また飛び越えることができると思えます。もちろん、目の前のハードルそのものでなく他のハードルであっても、それを越えてきたという経験は、次のハードルを越えられるという原動力になるものです。

成功体験は、自分自身がなし得たものでなくても大丈夫です。誰か近くの人が成功したという疑似体験でも、「その気」は高まります。

「あいつができたなら、自分でもできそうだ」と思うことができれば、そのときには、すでに「その気」になっているものです。

たとえば、映画やテレビ番組の中で、苦労しながらでも最後には成功する、といったストーリーを観ると、何か力をもらって元気になるものです。「今なら、何かできそう」と思えてきますが、これが授かった元気で「その気」が高まっている状態です。

そして意外と大切なのは、**体調や気持ちのコントロール**です。
よく眠って体調が良い日は気分も良く、何か新しいこともできそうに思えます。これも「その気」が上がっている証拠なのです。**「やる気」や「その気」を高める要素である体調や気分を整えるためにも、睡眠は大切です**（図8参照）。

寝不足が続いて「やる気」もないし、「その気」にもなれない、という人は、一度自分の睡眠習慣を見直してみてください。

このように、「やる気」や「その気」は、脳のしくみを知ることで、うまくコントロールできるのです。「やる気」と「その気」をアップさせて、記憶力もぐんぐんアップさせていってください。

図8 「その気」を高める方法

❶「できる！」と思いながらやる

結果をイメージすることで、
「その気」も高まってくる

❷ 成功体験を積み重ねる

必ずしも自分の体験でなくてもOK。

他のメンバーができたのを見て「自分にもできる」と思い込むことでも「その気」は高まる

❸ しっかり睡眠を取る

よく眠って翌朝体調が良いと気分も
良く、「その気」が高まりやすい

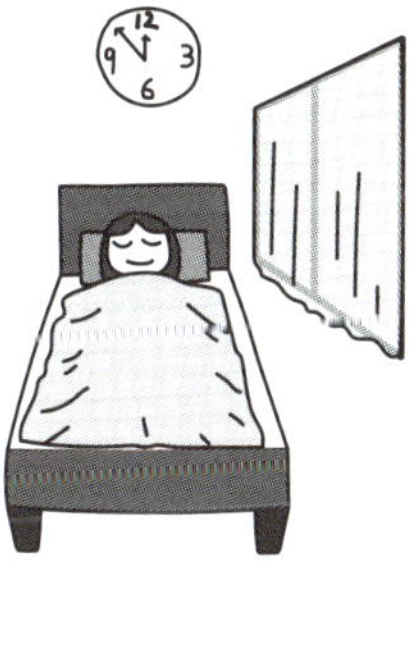

7-4

名前が覚えられない人は、動物とセットで覚えよう

なぜ顔と名前がセットで覚えられないのか？

「ああ、あの人、顔は覚えているんだけど、誰だっけ？」

このような場面をよく目にします。確かに他人の顔と名前は、なかなか覚えられないものです。特に、名前の記憶に困っている人も多いのではないでしょうか。

「顔は覚えられるのに、名前が覚えられない」というのには理由があります。

顔の記憶と名前の記憶は、「記憶の種類が別」だからです。

顔の記憶はイメージの記憶です。つまり、相手の顔を「画像」や「映像」として覚えているのです。

一方、名前を覚えるときは、「文字」として記憶します。名刺を受け取れば、その人の名前を文字として目で見ることができますが、多くは自己紹介などを受けるときに耳で聞いた音声として、その人の名前の情報が脳に入ってきます。

人間は、自分の周囲にある情報のうち8割以上を目から取り入れているので、**他人の名前を覚えるときには、やはり名刺を見たり、その人の名前をメモ書きしたりすることで記憶しやすくなる**でしょう。もちろん、名刺をもとにその相手に質問をしたりして興味や関心を向ければ、その場面をエピソードとして記憶しやすくなっていきます。

自分に合った五感を使って覚えたほうがうまくいく

目で見たものが記憶に残りやすいとはいえ、みなさんの中には、目で見たものよりも、耳で聞いた情報のほうが強く記憶に残っているという人もいるでしょう。このタイプの人は、自己紹介の場面では、主に耳で聞いた声を脳にインプットしているのです。

人間が外から情報を取り入れるときには、五感のアンテナでキャッチした情報を脳に送っています。このときにどのアンテナの感度が良いか、つまり、どのアンテナで情報をキャッチするのが得意か、といった情報の取り入れ方の〝クセ〟のようなものがあります。

多くの人は目からの情報を処理して記憶を作っていくことが得意なのですが、中には耳からの情報、あるいは手などで触ったほうが情報を取り入れやすいという人もいるのです。

となると、脳に情報を取り入れるときには、**感度が良いアンテナでキャッチしたほうが記憶に残りやすい**ともいえます。どのアンテナの感度が良いかは、人によって違います。どれかのアンテナに大きく偏っている人もいれば、どれもバランス良く感度良好な人もいるでしょう。自分がどのタイプなのかを意識してみると、思いのほか感度の違いに気づいたりするものです。今まで意識すらしてなかったような人は、どれが覚えやすいか記憶をたどり、自分に合った方法を見つけるだけでも記憶力をアップさせることができるかもしれません。


自分の得意なアンテナがわかったとしても、他人の顔と名前を覚えるときに苦労するのには変わりない、という人もいるでしょうか。

人の顔は記憶しやすいものです。人によっては一瞬で覚えられるようなこともあるでしょう。問題は、名前を覚えて、顔と名前を一致させることにあります。このようなときに有効な方法が、**「くり返し」と「ひも付け」**です（図9参照）。

誰でもできる！　記憶を定着させる方法

第1章でもお伝えしましたが、**記憶を確かにしていくには、くり返すことが大切**です。くり返すことで、自分がその相手に興味を向ける効果があるだけでなく、海馬の働きを活発にすることができるのです。

具体的に、初対面の人と話す場面などでは、なるべく印象的な会話を心がけることをおすすめします。**相手の印象が深くなれば、感情も動きやすくなり、その場面をエピソードとして記憶しやすくなるから**です。そして、「そうなんですよ、川崎さん」とか「ちょっと待ってください、山本さん」のように、会話の中で相手の名前を何度もくり返して呼ぶのが良いでしょう。

図9　記憶を定着させる方法

● くり返し

会話の中で相手の名前を何度もくり返し呼ぶ

例「そうなんですよ、川崎さん」
「ちょっと待ってください、山本さん」

⬇

相手の印象が深くなれば、
感情も動きやすくなり、
記憶しやすくなる！

● ひも付け

何かと関連させて覚えるようにする

例1「この人、ちょっと怖くて
いかにもライオンのようだな」
と思ったら、ライオンとセットで覚える

例2「（いうことは）辛口だけど佐藤（砂糖）さん」
「東京都内にお勤めの千葉さん」
など、性格やほかの情報とセットで覚える

⬇

印象に残って、忘れにくくなる！

もう一方の「ひも付け」とは、自分が覚えたい対象と関連しているものを思い浮かべ、一緒に覚えることを指します。

たとえば、その相手の顔が何かの動物に似ていたり、素振りが似ていたりするならば、その動物とセットで覚えてしまうと覚えやすくなるでしょう。「この人、ちょっと怖くていかにもライオンのようだなあ」と思えば、きっと印象深い出会いのエピソードとして記憶に残るものです。

ほかにも、その相手のことを「スポーツをやっていそう」とか「今話題の芸能人に似ているなあ」といったイメージを勝手に作ってしまうのも良いでしょう。この場合は、**ちょっと無理があるようなイメージにひも付けしてしまうのも、むしろ印象に残りやすくて良い**かもしれません。

あるいは「辛口だけど佐藤（砂糖）さん」や「東京都内にお勤めの千葉さん」、「棚からぼた餅、田中（棚から）さん」といった、名前から連想されるイメージやゴロ合わせなどがうまく見つかればしめたものです。その人の情報も一緒に覚えられ、かつゴロ合わせで印象深くなることも相まって、記憶に残りやすくなっていきます。

細かなところまでよく観察して、他のイメージと関連づけることを専門的には「精緻化《せいちか》」といいます。この精緻化もうまく利用しながら、少しずつ記憶力をアップさせていきましょう。ぜひ今日から始めてみてください。

Column 03

記憶に限らず、何事にも「集中力」は大切です。オリンピック選手のようなトップアスリートがずば抜けた集中力を発揮できることは知られていますが、それでも試合中のふとした瞬間に集中できなくなると、良い成績をとることが難しくなってしまうと言われます。このような極度に集中した状態をアスリートは「ゾーン」と呼んでいますが、心理学でも同じように「フロー」という状態が知られています。フローの状態に入ると、時間の経つのを忘れてしまうほど集中力が高まり、楽しく幸せな気分になります。いわば、それをすること自体が「報酬＝ご褒美」になっているのです。たとえば、ダンサーがダンスに興じていたり、将棋をはじめとしたゲームに没頭していたりする状態のように、いつも、そしてずっとそうしていることができる状態です。そして、このようなときには脳の中でもドーパミンの情報がばんばん流れています。みなさんも、「あのときは、フローに入っていたな」と思えるくらい集中して、いつの間にか時間が経っていたということがあると思います。もちろん、記憶力アップにも集中力は欠かせません。しかし、集中力はなかなか持続しないというのが悩みどころです。そのようなときには、時間を区切ってみるのも集中力を高める良い方法です。たとえば、勉強をしたり何かを覚えるときには、25分間は頑張って進めて５分休む、というように、30分を一区切りにしてみてはいかがでしょうか。休んだ後は、休む前に学んだことを1分程度で復習すると、記憶の定着にも効果的です。

第8章

これだけは知っておきたい記憶術

8-1

記憶術は強力な記憶のスキル

記憶術と記憶力のトレーニングは発想が違う

そろそろ記憶力がアップした実感が出てきたでしょうか。

この本は、脳を鍛えて記憶力をアップするための問題を並べたドリルなので、数ページ読んでその日のうちに記憶力が格段にアップする、ということを期待しているわけではありません。速効性よりも、確実に〝脳の力〟を向上させることを目的としています。

とはいえ、「すぐに記憶力がアップした実感が欲しい！」という人もいるでしょう。そんなときには、「記憶術」が効果的です。

記憶術は、脳を鍛えることとは発想が異なります。そのため、この本にあるような問題でトレーニングを続けながらも、「うまく記憶する」方法も身につけておくと強力です。ここでは、いくつかの記憶術を取り上げてみましょう。

うまくはまると気持ちが良い「ゴロ合わせ」

ゴロ合わせは第7章でお話したものですが、うまく覚えるための記憶術のひとつです。新しく覚えたいこと、特に数字やアルファベットの羅列など、それだけでは意味をなさないものに対して、何か自分が知っている言葉に似せた言葉を割り当てると、あたかも意味のあるフレーズに思えてきます。そうすると記憶が作りやすく、さらに長く脳に留まるようになります。

たとえば、数学でルートを覚えるときには、次のように覚えます。

√2＝1.41421356（「ひとよひとよに ひとみごろ」＝人夜一夜に人見頃）
√3＝1.7320508（「ひとなみに おごれや」＝人並みに奢れや）
√5＝2.2360679（「ふじさんろく おうむなく」＝富士山麓、オウム鳴く）

歴史の年代を覚えるときも、1192年に源頼朝《みなもとのよりとも》が征夷大将軍の任を得たことを「いいくにつくろう」と口ずさんだりすると、すぐに覚えられるだけでなく、年齢を重ねてもいつまでも覚えていられるようになるものです。

ゴロ合わせは、印象深いフレーズが効果的なので、突拍子のないものや、他人には恥ずかしくて伝えられないような言葉を並べるのも良いでしょう。

「どんな言葉があるかな」と、覚えたい対象を何度も何度も口にしながらゴロ合わせを考えるのもおすすめです。対象に興味を持つことやくり返し効果もあるので、記憶の後押しをしてくれます。

そして、うまいゴロ合わせのフレーズができると、実に気持ちの良いものです。ときには、自分で考えたことなのに、思わず笑ってしまうようなものができることもあります。ぜひ、うまいゴロ合わせを考えてみてください。

かたまりを作る「チャンク化」で、記憶の容量をアップ

パソコンやインターネットなどで使うパスワードには、数字やアルファベットがいくつも並んでいます。これをそのまま覚えるのはなかなかできるものではありません。記憶を作るときには、短期的に脳に情報を留めておいて、そこから長期の記憶にする情報を選別するからです。このとき「記憶の容量」の制限があるため、桁数の多いパスワードなどは、往々にしてこの制限に引っかかってしまうのです。「ゴロ合わせ」がうまくできれば何とか記憶に留めることができそうですが、意味のあるフレーズはそうそう思い浮かぶものでもありません。

単純でも意味をなさない数字などの場合、せいぜい5個から9個くらいしか覚えられないことが知られています。5～9個を平均すると7個になることから、これを「マジカルナンバー7」と呼んでいます。人間が短期に記憶するときの記憶力の限界を示した数字として知られているものです。

記憶の容量を見かけ上大きくするためには、数字やアルファベットをいくつかのかたまりにまとめて、まずは、そのかたまりを覚えます。いくつかのかたまりにしたときに、それぞれが意味を持たせられそうならばしめたものです。意味のあるフレーズだと思えるものは記憶しやすいからです。

かたまりを覚えたら、それを他のかたまりにも拡げて全体を網羅しましょう。

このように、意味のあるかたまりのことを「**チャンク**」と呼びます。

意味のない数字やアルファベットの羅列に見えるようなパスワードも、チャンクに分けることができれば、まるで記憶の容量が大きくなったかのように多くのものを覚えられるでしょう。これは記憶の制限がチャンクの数で勘定でき、記憶しやすくなることに由来しています。

脳のしくみを活用した「場所法（ジャーニー法）」

「場所法（ジャーニー法）」は、自分が慣れ親しんだ経路に覚えたいものごとを並べていくことで、それらを印象づけたり、順番を間違えずに記憶したりする方法です。

ジャーニー、すなわち「旅」をしているがごとく、脳の中に描いたマップの中で自在に記憶したいものごとを並べていきます。

アメリカでは記憶力コンテストのような大会がありますが、この大会に出場するような「記憶力の猛者《もさ》たち」や全米記憶力チャンピオンになるような人たちが使っているともいわれています。古代ギリシャの頃から使われており、記憶の神といわれるシモニデスも好んで使っていたという話も残っています。

自宅から駅までの道すじや、家の中で玄関から自分の部屋までの経路だったり、ぼーっとしていても間違えることがないような道順を使って、その途中途中に様々なものを並べます。もちろん、そのときには、怪獣だったり、好きなアイドルだったりと、自分が印象に残りやすいものを一緒に置いていくと良いでしょう。たとえば、「あの道の角を曲がったら、怪獣が源頼朝といい国を作る話をしていた！」というあり得ない場面をイメージできれば、忘れようのない光景になるはずです。

このように**場所法は、どれだけ印象深い場面をイメージできるかが勝負です**。想像力を働かせて、「あり得ない」くらいの場面を作り出してください。案外、いつも通って飽きてきたような道順が、また改めて興味深く、楽しいジャーニーになるかもしれません。第6章の文章記憶トレーニングは、まさにこのジャーニー（場所）法を活用した問題になります。

8-2
頭の良い人がやっている日常生活のヒント

記憶力アップの秘訣とは?

「記憶力アップの秘訣」には、ワーキングメモリをきちんと働かせることが良いこと、記憶したことをいつまでも長く脳に留めておくには、海馬をうまく働かせて「長期記憶」を作るようにすることが大切だと、ここまで触れてきました。

海馬が働いて強い記憶を作ることをサポートする物質はいくつかありますが、その中でも特に強力なのが、第7章でも紹介した「ＢＤＮＦ」という物質です。海馬でBDNFが増えると、海馬に情報を送る部分でニューロンが増えてきて、記憶がスムーズに作られていきます。

となると、いかにBDNFが増える環境を整えるかが、記憶力をアップさせる秘訣になってきます。今では脳の研究も進み、このBDNFが増える条件がわかってきました。そして都合の良いことに、日常生活の中でコントロールできることが多いのです。

頭の良い人だけが勉強ができるのではない

筋トレやジョギングのような有酸素運動が海馬でBDNFを増やすという話は第7章で触れました。これらの身体を鍛えるトレーニングが脳の中で効果を発揮することには、驚きを覚える人もいるかもしれません。しかし、脳といえども、やはり私たちの身体を作る臓器の一部、心臓や肝臓、胃腸などと並ぶものなのです。

そして、脳と身体は様々な方法で繋がっているので、**記憶力をアップさせるのに**

脳ばかりを鍛えるよりは、身体も含めて全体を鍛えていくほうが、効果が上がるのです。

その意味では、筋トレやジョギングなどで身体の健康に気を配っている人は記憶力も鍛えていることになります。そして、海馬の環境が整ったところで、存分に力を発揮させてください。

そして、もうひとつ。海馬でＢＤＮＦを増やす秘訣は、「海馬を使うこと」だといわれています。海馬が働くようになるには、海馬を働かせよ、とは、何だかキツネにつままれた気分になるかもしれません。しかし、様々なものごとを覚えようとして海馬をいつも使っている人では、ＢＤＮＦが増えていることが知られているのです。

頭の良い人は、勉強をし続けている人だ。こう聞くと、ごく当たり前のことのように思えますが、勉強に限らず、「何でも覚えてやるぞ」という心がけで常日頃から海馬を働かせている人は、実は海馬のＢＤＮＦが増える環境を整えていたことになります。

頭の良い人が勉強ができるのではなくて、勉強をし続けている人の脳が記憶をするために「良い状態」になっているということなのです。

そうなると、この本のような『記憶力ドリル』を好んでし続けることで、海馬のコンディションも整って、記憶力がアップすることが期待できます。

いろいろな本などを探して海馬を鍛えていくのも良いですし、この本を読んでしまったら、少し時間を空けて、再度挑戦してみても良いでしょう。

もちろん、この本のドリルのように、記憶力を鍛えるために作られたものばかりでなく、**本当にみなさんが「必要な」ものを記憶していくことも忘れてはなりません**。一度学生時代に勉強したことを覚え直しても良いですし、英語や簿記などに挑戦してみるのも良いでしょう。

このように、「いつも海馬を働かせている」という日常生活が大切なのです。海馬の〝エンマさま〟に機嫌良く働いてもらい、記憶力をアップさせていきましょう。

8-3

大事な情報を覚えたら、すぐ眠るべき？ 睡眠と記憶の関係性

睡眠は記憶をメイン料理に仕上げるソース

私たちの脳には、よく使う機能をどんどん研ぎ澄ましていく性質があります。そのため、記憶力アップの王道は、やはり記憶に関係した機能を鍛えていくことが良いとお話してきました。

しかし、記憶したことをきちんと脳に定着させていくためには、少し逆説的ですが、脳を休めることも大切です。特に睡眠は、記憶にとっての隠し味というよりは、なくてはならないメイン料理のソースのようなものなので、睡眠をとらないと、せっかく覚えた情報も記憶として脳に定着しないのです。

記憶にとって睡眠が大切なことを物語る、こんな研究成果があります。

はじめて会った人の顔と名前を覚える実験をしたところ、覚えた後に8時間睡眠をとったグループは、睡眠時間が少なかったグループと比べて正答率が高かったのだそうです。この本の第3章でも取り上げた「顔と名前」の記憶は、誰でも苦手に感じることだと思いますが、しっかり睡眠をとることでその記憶が作られやすくなるのです。

「顔と名前」の記憶に限らず、睡眠は一般的に、記憶の定着に必要だということが他の研究からも伺えます。

たとえば、資格試験や学校の勉強などで苦戦を強いられる英単語の記憶なども、睡眠をとることで記憶の定着が良くなることが明らかにされています。

となると、**テスト直前の奇策としてやりがちな「一夜漬け」の勉強は、あまり効果がない**ことになります。

もちろん、学校の期末テストのように、対象となる範囲がさほど広くない場合は、少しでも頭に詰め込んでからテストに臨むことで乗り切ることはできそうです。しかし、資格試験など、広範囲の知識が必要な場合には、やはりきちんと眠ることが必要です。**睡眠時間もスケジュールに入れて計画を立てるくらいの余裕があるほうが、むしろ効率良く記憶していくことができる**のです。

睡眠中、脳の中では何が起きているのか？

では睡眠中には、脳の中でどのようなことが起きているのでしょうか。

睡眠は、深い眠りの「ノンレム睡眠」と浅い眠りの「レム睡眠」という眠りの深さで分けられていて、眠っている間にはこれらが交互に現れます。睡眠中、起きている間に脳に入ってきた様々な情報を編集して、すでに脳の中にある記憶情報と照らし合わせたりしながら記憶の定着を進めていくのです。

英語の勉強をした後、レム睡眠中に起こしてしまうと、せっかく勉強した内容の記憶ができにくいという研究もあります。少し粗い実験ですが、レム睡眠の大切さがわかります。

一方のノンレム睡眠も、記憶の定着には必要です。ノンレム睡眠はさらに深いノンレム睡眠と浅いノンレム睡眠に分かれています。そしてそれぞれ脳を休めたり、成長ホルモンが分泌されて身体の成長や修復をしたり、技能などの記憶を定着させる働きをしているとされています。また最近では、レム睡眠もノンレム睡眠も、両者とも記憶の定着に必要だということが改めて確かめられてきています。

大事な情報をキャッチしたらすぐ眠ってしまうのがベスト

記憶には、きちんと脳に刻まれる前には、覚えたはずの情報が他の情報と干渉し合って忘れやすくなるという性質があります。できれば、大切なことを記憶したら、すぐに眠ってしまうのが良いのです。

眠っている間、情報をキャッチする〝五感のアンテナ〟のうち、嗅覚以外は働かなくなります。そのため、起きているときと比べて新しい情報が入ってきづらくなるのです。これで、せっかく覚えた情報を記憶として定着させやすくなるのです。

さらに、覚えた後すぐに眠ると、睡眠後わずか数分で海馬が働いて記憶を定着させようとすることも知られています。記憶の〝エンマさま〟も機嫌良くしてくれるようです。ですから、**大事なことを覚えたと思ったら、すぐに眠ってしまうのが良い**のです。

とはいえ、忙しい毎日を過ごしている人は、なかなかそうはいかないと思います。毎日の生活に気づきを多くするように色々な物事に注意を向けることで、記憶力をアップさせていきましょう。

おわりに

スマホは物覚えを悪くする

私たちの脳は、その人の生活に最適な情報処理や情報の保存ができるように変化していきます。記憶力もそのひとつ。その人がどのような生活習慣を持っているかによって、記憶力も変わっていくのです。

今やパソコンやスマホがあれば、誰でも欲しい情報が手に入る時代になりました。すぐにスマホで調べることに慣れ親しんだ生活には、さほど記憶の容量は必要ありません。自分が覚えていることはわずかでも、スマホを使えば世界中の情報と繋がることができるからです。この便利さに慣れて、「すぐに調べればいいや」という生活習慣を持っている人では、実際に記憶力が弱くなっていくことが知られてきています。

そうなると、もの覚えが悪くなるだけでなく、覚えていたはずのことも思い出しにくくなってしまいます。いわゆる「ど忘れ」をしやすくなるのです。

せっかく、この本で記憶力を鍛えても、「もの覚えは良いのだけど、もの忘れも激しいんだよなあ」となっては、残念です。

ぼーっとしているときほどひらめきやすい不思議

しかし、嘆く必要はありません。仮に今は「ど忘れ」がひどくても、頑張って思い出すようにしていくと、記憶力は必ずアップします。それだけでなく、どんどんアイデアが浮かんでくるようになるかもしれないのです。

なんと、「ど忘れ」から脱するときの脳の働きは、なんと、アイデアを「ひらめく」瞬間とよく似ていることが知られてきているからです。

みなさんが、「ど忘れ」したことを思い出す瞬間は、どのようなときでしょうか。思い出そうと悶々としているときに思い出せれば良いのですが、なかなかそうもいかないものです。案外、帰りの電車に揺られてぼーっと景色を眺めているときとか、家に帰ってシャワーを浴びているときとか、あるいは、翌日に目が覚めたベッドの中だったりしませんか。歯磨きやひげ剃りなどのルーティンを行う中でも思い出しやすいといいます。

このような場面では、脳は特に何も考えずに、ぼーっとしているかのようです。しかし、ぼーっとしているときも、脳は休んでいるわけではなくて、「デフォルトモードネットワーク（ＤＭＮ）」と呼ばれる神経ネットワークが盛んに働いているのです。

このＤＭＮは、意識的に何かを考えているときには働かず、無意識的な状態でいるときに働き出すといいます。ぼーっとしたり、眠っていたりしているときには、脳が休んでいるのではなくてＤＭＮが働いているのです。

そして、このＤＭＮが働いているときにこそ、「ど忘れ」したことを思い出したり、良いアイデアをひらめいたりしやすいということがわかってきました。

かの有名なニュートンやアインシュタインも、科学に名を残す重要な発見をしたときには、ぼーっとしていたといいます。やはり、偉人の脳でもＤＭＮが働いていたのでしょう。ちょっとした時間、スマホを手放して、少しぼーっとしてみるのも、脳や記憶には良いかもしれません。

そして、記憶のスイッチを入れるのは「やる気とその気」、エネルギー源は好奇心や感動です。何事にも興味を持って楽しく取り組む姿勢は、記憶力をアップさせる生活習慣なのです。

みなさんがこの本のドリルを楽しむことで、記憶力がアップしたと実感できるようになったなら、それは著者として大変嬉しいことです。

最後となりましたが、本書の執筆にあたり、企画の段階から笑顔を絶やさず伴走してくださった総合法令出版編集担当の大島永理乃さん、デザイナーの土屋和泉さん、営業の酒井巧さん、そして常に励ましてくださったみなさんに感謝申し上げます。

２０１６年８月　蝉の声を聞きながら

枝川　義邦

枝川義邦　EDAGAWA, Yoshikuni

脳科学者／早稲田大学研究戦略センター教授
1969年東京都生まれ。東京大学大学院薬学系研究科博士課程を修了して薬学の博士号を得る。その後、大学における研究や教育のかたわら早稲田大学ビジネススクールにてMBAを取得。先導的な若手研究者の称号である早稲田大学スーパーテクノロジーオフィサー（STO）の初代認定を受ける。脳神経科学を専門として脳の神経ネットワーク解析や行動解析を研究テーマに進める一方で、経営学の視点から人材を活かした組織や社会の成り立ち、消費者行動などを研究している。
早稲田大学ビジネススクールでは、マーケティングをはじめ、意思決定、モチベーション、リーダーシップ、クリエイティビティなど経営学のコンテンツを脳科学の視点で解説する講義の担当講師も務める。2015年度春学期、優れた講義を実施する教員に贈られる「早稲田大学ティーチングアワード総長賞」を受賞。
ほか、ＮＨＫ番組「記憶力ＵＰゲーム　シーホースパワー！」の監修も担当。番組では、解説者「Dr.エディ」として親しまれている。

著書に、『記憶のスイッチ、はいってますか～気ままな脳の生存戦略～』（技術評論社）、『「脳が若い人」と「脳が老ける人」の習慣』（明日香出版社）などがある。

「覚えられる」が習慣になる！
記憶力ドリル

2016年10月 3 日　初版発行

著　者　枝川義邦
発行者　野村直克
発行所　総合法令出版株式会社
〒103-0001 東京都中央区日本橋小伝馬町 15-18
ユニゾ小伝馬町ビル 9 階
電話 03-5623-5121（代）
印刷・製本　中央精版印刷株式会社

ISBN 978-4-86280-520-1